Lengua y habla(s)

Antonio Narbona Jiménez

Lengua y habla(s)

EDITORIAL
UNIVERSIDAD DE SEVILLA

Sevilla, 2026

Colección Ciencia al alcance
Núm. 12

© Editorial Universidad de Sevilla 2026
    C/ Porvenir, 27 - 41013 Sevilla.
    Tfnos.: 954 487 447; 954 487 451
    Correo electrónico: info-eus@us.es
    Web: https://editorial.us.es

© Antonio Narbona Jiménez 2026

Impreso en papel ecológico
Impreso en España-Printed in Spain

ISBN 978-84-472-2722-8
Depósito Legal: SE 414-2026

Maquetación y diseño de cubierta: Dosgraphic s.l. (dosgraphic@dosgraphic.es)
Impresión: Podiprint

Índice

I
EL ESPAÑOL, LENGUA MILLONARIA

II
OTRAS LENGUAS DE ESPAÑA

V
LA GRAMÁTICA, MARGINADA

VI
DE NUEVO SOBRE LAS *HABLAS ANDALUZAS*

Prólogo de la editora

Desde hace algunos años, Antonio Narbona comparte con los lectores del diario *Abc de Sevilla* las reflexiones lingüísticas que le suscitan diversos acontecimientos o debates de actualidad. Algunos de ellos son de carácter político (o versan sobre política lingüística o lenguaje políticamente correcto). Este es el caso de los que se refieren a asuntos como la modificación, en la Constitución española, del término *disminuidos*; la utilización, en el Congreso de los Diputados, de todas las lenguas cooficiales; el rechazo, en centros educativos o ceremonias religiosas de algunas comunidades bilingües, del uso del español; los debates sobre el lenguaje inclusivo y las propuestas de desdoblamientos o del uso de la terminación *-e* como supuesta marca de género neutro. Otros acontecimientos que le interesan –o llaman su atención– son institucionales: la creación, a iniciativa de la Real Academia Española y de la Asociación de Academias de la Lengua Española, de la Red Panhispánica de Lenguaje Claro y Accesible (Red-PHLCA); la elección, por parte de la Fundéu, de la palabra del año; la incorporación de determinados vocablos –incluidos numerosos anglicismos– a la última edición del *Diccionario de la lengua de la Real Academia*; la financiación que reciben o dejan de recibir, dentro del Estado español y de sus diferentes autonomías, instituciones vinculadas con la lengua. Hay también cuestiones tecnológicas: el impacto de la llamada Inteligencia Artificial en el uso y la enseñanza de las lenguas, y las implicaciones de herramientas como ChatGPT. Y las hay editoriales: la publicación de una determinada obra, de contenido lingüístico, o no lingüístico; la publicación de un artículo al que el profesor Narbona reacciona... Especial atención dedica nuestro autor a temas relacionados con el español en su dimensión panhispánica –la unidad del idioma a ambos lados del Atlántico, el papel del español de América– y con las hablas andaluzas en particular: desde cuestiones fonéticas específicas como el ceceo, el seseo o la aspiración de consonantes, hasta debates sobre la supuesta dignificación del andaluz o los intentos de crear ortografías «propias» para reflejar gráficamente rasgos de pronunciación local.

Al convertir esas reflexiones, nacidas como columnas o tribunas periodísticas, en capítulos del presente libro, dispuestos uno detrás de otro, ocurren varias cosas interesantes.

Por una parte, se detectan, en muchas ocasiones, idas y vueltas sobre un mismo tema que parecen constituir «obsesiones» del autor –como la del frecuente recurso al entrecomillado como marca de distancia enunciativa o su insistencia en distinguir entre sentimiento de inferioridad y complejo de inferioridad– y que en el libro devienen una suerte de *leitmotivs*. Por otra parte, se percibe una combinación de pesimismo –en relación con la (poca) capacidad de influencia que la expresión de la propia opinión, aunque sea de un especialista, vaya a tener en la sociedad– y de optimismo –derivado de la negativa a tirar la toalla en sus esfuerzos por que la expresión de esa opinión siga llegando al mayor número posible de lectores–. El propio Antonio Narbona lo reconoce en uno de los artículos finales de este libro, que titula «...con freno ¿y marcha atrás?», cuando confiesa que durante toda su trayectoria académica su propósito ha sido «poner de manifiesto que no poco de lo que sobre los usos idiomáticos de los andaluces se ha dicho y sigue diciéndose (y se escribe), lejos de aclarar, enturbia»; a lo que añade: «Sin "desaliento" y sin arrojar la toalla, he reflexionado sobre las razones o factores que han frenado, y continúan frenando, el avance del conocimiento de cómo se habla español –de cómo se escribe nada especial hay que decir– en Andalucía».

Entre los factores que piensa han podido ocasionar ese freno –más que del conocimiento, de la difusión de dicho conocimiento–, Narbona menciona, en particular, el hecho de que «bastantes de los miles de escritos, de muy distinto rigor, [que han surgido] en el ámbito académico, permane[zcan] –por falta de capacidad o voluntad– acumulando polvo en las estanterías de las bibliotecas universitarias, [lo que conduce a que] su proyección social [sea] prácticamente nula». En su opinión, «ello ha facilitado, y favorecido, que proliferen y se difundan publicaciones de eruditos o simples aficionados que, sin más "armas" que la observación y experiencia propia, se lanzan a amontonar palabras y giros y/o a destacar hábitos articulatorios que consideran "singulares" de Andalucía –en la mayoría de los casos de alguna de sus comarcas o localidades– y, a menudo, "interpretan" y evalúan de manera subjetiva, arbitraria o caprichosa».

Tal estado de cosas es, de nuevo, al mismo tiempo, motivo de pesimismo y acicate para la propia labor de divulgación del autor, que, en el artículo que se titula «Orgullosos ¿de qué y por qué?» escribe: «Si algunos no caemos en el desaliento, es porque puede más el deseo de enfrentarse una y otra vez a las creencias –que no ideas– infundadas». Y es que los temas que aborda Narbona en estos artículos no son cuestiones que interesen únicamente a especialistas, sino asuntos que generan controversia en los medios, que protagonizan debates en redes sociales y sobre los que todo hablante tiene una opinión. Fruto de este deseo de combatir creencias infundadas en temas de interés general –y de la voluntad de ofrecer alternativas a esa amenaza de limitarse a acumular polvo en las estanterías de las bibliotecas universitarias que se cierne sobre las obras estrictamente científicas– es, sin duda, la voluntad de reunir los últimos artículos publicados por él en la prensa generalista en este volumen que Antonio Narbona ha querido llamar *Lengua y habla(s)*, y que se concibe como continuación del libro *Hablar (en) andaluz* que publicó en 2025 también la Editorial Universidad de Sevilla, dentro de la misma colección en la que ahora ve la luz *Lengua y habla(s)*: la colección Ciencia al Alcance, destinada, como los artículos del profesor Narbona, a la difusión, entre lectores no especialistas, del conocimiento que se construye en la investigación y el estudio universitarios.

Mi deseo, como editora de ambas obras, es que, en efecto, las dos consigan traspasar los muros de las facultades de Filología, entre otras, la de la Universidad Hispalense, en la que durante tantos años impartió su docencia Antonio Narbona, y que –en consonancia con el título de la colección que las alberga– *alcancen* el interés de los lectores que anteponen la divulgación hecha por especialistas a las obras de erudición cuyo temible influjo anhela combatir el autor de *Lengua y habla(s)*.

Araceli López Serena
Directora de la Editorial Universidad de Sevilla
15 de octubre de 2025

A modo de presentación

Cualquier estudiante de Educación Secundaria sabe que la lingüística pasó a considerarse disciplina científica cuando, al resultar imposible –eso se pensaba– una descripción rigurosa de las extraordinariamente variadas actuaciones del *habla* (así se tradujo el francés *parole*), el análisis se limitó a las regularidades del «sistema» o «código» de la *lengua*. Pero las «reglas» han de extraerse de los *usos* reales y tangibles, y, pese a que la mayoría de las aproximadamente 6000 lenguas del mundo no cuentan con escritura (surgida muchos milenios después del *habla*, y no para representarla) y no son pocos los que, al ser analfabetos, únicamente son *hablantes* de idiomas que sí disponen de ella, los lingüistas prefirieron centrar la atención en textos o actuaciones formales más o menos alejadas de la oralidad coloquial. En el *Diccionario* académico, *hablante* es definido simplemente como 'el que habla', a diferencia de otros derivados del verbo *hablar*: a *hablador* se atribuyen acepciones diversas 'el que habla mucho, con impertinencia, molesta a los demás', e incluso se le hace afín a *fanfarrón, valentón, mentiroso*; de escaso empleo y próximos a *parlanchín* son *hablantín* y *hablistán*, 'que hablan lo que no deben'; y *hablista* es el 'que se distingue por la pureza, propiedad y elegancia del lenguaje'.

A los usos *hablados*, es decir, a observar «lo que se oye», no solo «lo que se ve», se dedicaron los dialectólogos y, posteriormente, los sociolingüistas, si bien se fijaron sobre todo en cierto léxico y determinados hábitos articulatorios tenidos por peculiares, y no en lo que verdaderamente proporciona las claves de la modalidad de uso conversacional cotidiana, a saber, su especial técnica constructiva. La inclinación de estudiosos y usuarios a recurrir a una noción parcial de *acento* («conjunto de particularidades fonéticas, rítmicas y melódicas») simplifica y camufla el examen de las actuaciones en situaciones comunicativas marcadas –en grado distinto– por la familiaridad o cercanía entre los interlocutores.

Y hay algo más. De las *hablas* y divergencias entre ellas poco puede decirse si no se tienen en cuenta los múltiples factores contextuales que condicionan o influyen en todo acto interlocutivo, pues solo así se puede llegar a configurar un retrato fidedigno de lo que hacemos (no solo decimos) al hablar, de cómo logramos persuadir a los demás y modificar sus creencias y actitudes.

* * *

He de advertir que, si bien bastante más del 90 % de los hispanohablantes viven en América, los escritos aquí reunidos, aparecidos en el diario *ABC de Sevilla* (salvo unos pocos, de los que se indica el lugar de publicación), son fruto de la observación de usos del español hablado en la Península, por más que bastantes de ellos sean comunes a todo el dominio hispánico.

* * *

Dado su carácter periodístico y finalidad divulgativa, la imagen que proporcionan estos escritos sobre la conducta idiomática de los hablantes no entra, salvo en la sección final, en precisiones geográficas o estilísticas.

* * *

No están dispuestos por orden cronológico de aparición (aunque al frente de cada uno figura la fecha, que facilita su contextualización –de los no publicados solo el año de su redacción–, algo que resulta imprescindible en ciertos casos, por ejemplo, al tratar de la mal llamada I[nteligencia] A[rtificial]), sino que se han distribuido en seis secciones temáticas. En las tres primeras se recogen los que se refieren, de manera general, al español como una de las pocas lenguas «de cultura» del mundo y, por eso mismo, especialmente afectada por el veloz desarrollo de las nuevas tecnologías (I), a la aspiración a que su convivencia con otras lenguas de España no se vea desvirtuada por razones extralingüísticas que lleguen a enfrentar a los ciudadanos (II) y a la obviedad de que, como todos los idiomas, el nuestro solo vive en sus variedades (III). Se reúnen en la sección IV aquellos que versan sobre cuestiones gramaticales, «marginadas» por los estudiosos, y se ha procurado prescindir de términos y conceptos que no sean de empleo común. En la V se ubican los que se ocupan de ciertas expresiones léxicas, no pocas de ellas utilizadas a menudo con un significado más o menos alejado del «propio» o «literal».

Son muchos los que podrían haber quedado encajados en otra distinta, o en varias de ellas.

En la VI, y última, se encuentran textos que, por ser posteriores a 2024, no se incluyeron en *Hablar (en) andaluz*, publicado también en la Editorial Universidad de Sevilla (EUS). A sabiendas de que seguiré predicando en el desierto, hay que continuar *denunciando* ('avisando' y 'delatando') las iniciativas descabelladas que, lejos de contribuir al conocimiento cabal del *andaluz*, ponen palos en la rueda de su verdadera indagación. Así, a modo de ejemplo, mientras redacto estas líneas, me llega una sorprendente «imbitaçiôn perçonaliçâ» (eso sí, con la advertencia de que «pa benîh tieneh qu'îccribirte») para el I CONGREÇO DE LA LENGUA ANDALUÇA, convocado para el «6 de Çêttiembre» por la «Êccuelâ d'Êccritura en Lengua Andaluça» [EDELA] en el «Çentro Curturâh de Cartaya (Guerba)». Muy sobrado de tiempo hay que estar para intentar «realfabetizar[se]» en tan inútil código ortográfico.

* * *

Vuelvo a expresar mi profunda gratitud a todo el equipo de la EUS, dirigida por Araceli López Serena, quien ha tenido la generosidad de prologar y revisar esta recopilación de escritos.

ANTONIO NARBONA

I
EL ESPAÑOL,
LENGUA MILLONARIA

08-01-2022
Cientos de millones

Que sean necesarias las 1250 páginas de la *Crónica de la lengua española 2021*, de la Real Academia Española y la ASALE (Asociación de [las 23] Academias de la Lengua Española), para hablar de su situación es algo que ocurre con muy pocos idiomas en el mundo. Y no sé si hay alguno que, pese a convivir con tantas otras lenguas (más de una decena de familias solo en México) y al ajetreo a que se ve sometido en cada rincón de su inmenso dominio (en las dos últimas décadas, en Venezuela, el adjetivo *bolivariano* ha pasado a ser sinónimo de 'revolucionario, socialista, chavista...'), goce de mejor salud y mayor cohesión. Sobre la *aventura* de los españoles y del español en América se ha escrito tanto que una persona necesitaría varias vidas para «estar al día». Una buena forma de iniciar el camino podría ser la lectura del discurso de ingreso en la Academia Hispanoamericana gaditana de J. L. Girón, «El español *en* América», atinadamente subtitulado «Viaje de ida y vuelta».

El temor a caer en la banalización ha frenado siempre mi deseo de intervenir en alguna de las controversias y contradicciones interpretativas –negras leyendas incluidas– sobre lo allá ocurrido desde 1492. Al cumplirse 100 años de la publicación de las «Observaciones sobre el español de América», de P. Henríquez Ureña (un texto que muchos consideran fundacional de la dialectología hispanoamericana), hasta los que «exigen» a los españoles de hoy que pidan perdón por lo ocurrido hace siglos reconocen que el *español* o *castellano* es el mayor tesoro aportado por nuestros antepasados. Y para zanjar la polémica acerca de si se trató o no de una *imposición*, basta recordar que, bien entrado el siglo XIX, cuando muchos de los países de América ya eran independientes, dos de cada tres habitantes no hablaban español, y que ni mucho menos las centenares de lenguas preexistentes terminaron siendo desalojadas; es más, algunas, como el *náhuatl* o el *que-chua*, habían ganado en extensión al final de la dominación. El proceso fue, pues, muy distinto a cualquiera de los similares que se han producido desde la romanización.

En una comunidad lingüística que ha multiplicado por 200 el nú-mero de hablantes en los dos últimos siglos, los particularismos léxicos y las divergencias fonéticas tienen escasa fuerza frente a lo que cada vez más deja de ser sentido como «ajeno» por todos o la mayoría de los hispano-hablantes. ¿Quién no sabe que *dinero* y *móvil* son en América *plata* y *se-lulá[r]*? ¿Cómo me va a resultar extraña la voz *guiar*, que oí hasta que aquí se fue imponiendo *conducir*?

Hay predicciones que acaban resultando arriesgadas. El académico G. Salvador hubo de retractarse en 1985 de una «estupidez» –así la llama– cometida veinte años antes, al vaticinar que «la mayor proximidad fónica del andaluz con las hablas de América» terminaría representando una gran ventaja para la unidad del idioma. «Sólo desde una considerable ig-norancia del español en América –rectificó– pude yo haber escrito seme-jante dislate».

En efecto, sin necesidad de cruzar el Atlántico, se puede advertir que, por muy decisivo que fuera el papel desempeñado por los andaluces en la expansión del español por tierras americanas, no cabe afirmar, sin más, que *es* «andaluz» lo que se habla al otro lado del océano. En México se pro-nuncia la *-s* implosiva y no hay *ceceo*; en Uruguay, además de *tú cantas / tú cantás / vos cantás*, se puede oír *usted canta* para dirigirse al interlocutor; etc.

Y es que tan aconsejable como dejar de utilizar la expresión «*el* espa-ñol *de* América» (preferible «en») es no referirse a*l* «andaluz», pues no son pocas y notables sus diferencias internas. Pero de lo que no hay duda es de que *todos* hablamos *español*, cuya unidad no cesa de fortalecerse. Por encima de la diversidad de *acentos*, nos entendemos oralmente sin ningún problema, y, desde luego, leemos –sin que apenas nos choque nada– diarios publicados en Madrid, Sevilla, Buenos Aires o Lima.

En 1977 tuvo un extraordinario éxito un programa televisivo de en-tretenimiento titulado *300 millones*. Cuarenta y cinco años después, el nú-mero de los que nos *comprendemos* en la segunda lengua en que más trabajos científicos se publican y más se usa en redes sociales del mundo se ha dupli-cado. Y cada vez es más fácilmente salvable lo que obstaculiza el entenderse, gracias a que la competencia comunicativa de un número creciente de hispanohablantes no deja de progresar y de enriquecerse exponencialmente.

Eso sí, ningún idioma avanza por inercia, por muy «millonario» que sea. No lo hará el nuestro porque alguien tenga la ocurrencia de intentar que una *oficina* vuelva a convertir Madrid en su ombligo, pues sus «*centros*» de irradiación son varios, algunos muy alejados de la península ibérica.

25-06-2022
Contra la propia lengua

Con pocos días de diferencia, fue «cerrada» la Academia Nicaragüense de la Lengua y una ley impidió que se celebraran corridas de toros en la plaza Monumental de México. No son fáciles de digerir ambas medidas. Pero si un gobernante puede impedir cerrar el tráfico en el centro de una ciudad, ni siquiera un tirano, como ha dicho Sergio Ramírez –miembro de la Academia clausurada (y premio Cervantes), antiguo sandinista que llegó a ser vicepresidente del país, hoy refugiado en España–, puede ejercer el menor control sobre la lengua. Habría que añadir que es enteramente inútil intentarlo, y no por el respaldo de la RAE y las más de veinte Academias asociadas en la ASALE, sino porque la lengua va a seguir *viviendo* en los hablantes, continuar siendo vehicular en la enseñanza (a menos que también sean cerradas las escuelas), usada en los medios de comunicación audiovisuales y escritos y en las obras literarias...

Una lengua termina arrinconada, incluso «abandonada», cuando otra aporta las indiscutibles ventajas de una mejor organización política, social, económica y cultural. Ocurrió en las tierras que pasaron a ser la Hispania romana, y –sin que el paralelismo sea procedente, pues las circunstancias y condiciones no son equiparables– volvió a suceder en la América hoy de habla hispana. No hace falta que conquistadores y/o colonizadores pongan a los nuevos «súbditos» entre la espada y la pared. En la mayor parte de los casos, por *conveniencia*, los dominados aprenderán la nueva lengua, y no tardarán en apropiársela, es decir, hacerla «propia», sin que necesariamente se pierdan las que hablaban. En el Nuevo Continente no son pocas las que han permanecido, y algunas incluso se han potenciado. Nada cambiaría si a Daniel Ortega le diera por aprobar un nuevo decreto que impusiera el empleo del *miskito*, lengua indígena hablada por unos cien mil nicaragüenses.

Un idioma que es acogido en un nuevo territorio se deja en herencia, pero no como una «propiedad» cualquiera más. Ni siquiera es comparable a la religión, cuya introducción sí debe bastante al «convencimiento» de que la nueva doctrina –que se predica en español o en la lengua indígena correspondiente– va a ser beneficiosa para los nuevos *fieles*. Los usos idiomáticos, a diferencia de las creencias (que implican obligaciones morales, comportamientos, cultos y ritos habituales), se abren paso con un gran margen de libertad, fruto de la cual son los continuos «pactos» implícitos que introducen novedades y cambios, sin que se vea resentida la intercomunicación comprensiva.

Y las lenguas, incluso las que se «imponen», no se *trasvasan* como meros «códigos» de signos, sino que terminan siendo medios de inagotable capacidad creadora.

De igual modo que no es posible fijar la fecha en que el latín se «convirtió» en castellano –una de las lenguas románicas– el «origen» y trayectoria del *andaluz* (occidental) presentan bastantes puntos oscuros, y de ahí que, frente a los que sostienen que «nació» entre 1225 y 1248, están aquellos que retrasan siglos su «surgimiento», ante la imposibilidad de seguir la pista a los rasgos (fonéticos, en su mayor parte) que lo van diferenciando de aquellos que tenían los repobladores norteños (no solo castellanos). Por tanto, no extraña que, tan patente como cierto grado de *andalucismo* del español que llega, en oleadas diversas, a las tierras americanas, lo sean las divergencias en el inmenso territorio que va desde Nuevo México a la Patagonia. Puede vaticinarse que en el español que hoy avanza de modo imparable en los Estados Unidos, por mucho que sea más afín al americano que al peninsular, ocurrirá algo similar.

La RAE se creó en 1713. Hoy hay dos docenas de Academias de la lengua española. La «desaparición» forzada de la de Nicaragua, puesta en marcha en 1928, cuando ya había muerto Rubén Darío, no va a suponer el hundimiento o debilitamiento del uso y cultivo literario del español en ese país. Y, desde luego, no va a frenar la competencia idiomática de los nicaragüenses.

En todo caso, algunos continuarán con la necesaria labor de que los decretos (prescriban o proscriban) se redacten sin ambigüedades en la lengua que todos comprenden. Y, la verdad, muy clara no queda la «razón» (única) por la que la Asamblea Nacional de Nicaragua –sin debate alguno, pero no por unanimidad, lo que no es irrelevante– tomó la decisión de «cancelar la personalidad jurídica» de su Academia. A los no expertos en ordenamiento jurídico no nos parece que sea un delito que una institución que cuida de la lengua *propia* «no se haya registrado como agente extranjero ['extraño']». Es posible que la medida empiece a «entenderse» si se tiene en cuenta que, poco después de haberse adoptado, en la capital, Managua (también en otras ciudades), se celebró el *Día de la Lengua Rusa*, con discursos (es de suponer que en español) y ofrenda de flores ante el busto de Pushkin ubicado en el Teatro «Nacional» Rubén Darío. Pero lo que no hay quien «entienda» es que se tiren piedras contra el *propio* tejado.

13-11-2021
(In)correcto

En 2012 publicó el Instituto Cervantes *El libro del español correcto: claves para hablar y escribir bien en español*, y un año después vio la luz *El buen uso del español* (2013), de la Real Academia Española. Ambos con casi igual número de páginas (en torno a 500) y en la misma editorial. No se trataba de una pugna por hacerse con el primer puesto en el papel de «asesor» de los usuarios del idioma, pues los dos organismos coinciden en el propósito y en la adopción de una perspectiva panhispánica.

Es lógico que el treintañero Instituto Cervantes se muestre más batallador que la más que tricentenaria «Docta Casa». Se limita a considerar «preferibles» palabras como *abrir, intención, para, utilizar...* «en lugar de» *aperturar, intencionalidad, en aras de* (o *de cara a, con vistas a, con objeto de*), *hacer uso*... Pero en los ámbitos de la pronunciación y la gramática traza una contundente línea separadora entre lo «correcto» y lo «incorrecto». Sin vacilación, condena (e incluso califica de «vulgares»), no solo *agüelo, abuja, arquilé, jambre, dotó(r), istituto, cocreta*..., sino también *esamen, cantá*[r], *abogao, quemaíto, cansá*[da], *subí*[d]...; califica de «errónea» la omisión del artículo en «corre por banda»; y no es indulgente con *ustedes os calláis* (**ustedes se calláis* ni se menciona). Tampoco se muerde la lengua al referirse al *laísmo* («¿qué *la* pongo, señora?»), «no aceptable en ningún caso». En la obra académica los juicios son, en general, más atenuados, como revela la inclinación a utilizar expresiones como «hay que (tratar de) evitar», «(no) se recomienda» y otras por el estilo.

No hay, obviamente, discrepancias en las observaciones, abundantes en ambos casos, acerca de la ortografía. La RAE ni siquiera separa los usos *hablados* y los *escritos*. En el libro del Instituto Cervantes, además de ser inverso el orden –se antepone el capítulo «Escribir correctamente» al dedicado a «Hablar correctamente»–, se abre este último, de menor extensión, con preguntas de no fácil respuesta (¿qué se entiende por hablar bien?; ¿se puede aprender, y cómo?), de manera que, tras las advertencias sobre la «correcta» pronunciación, el capítulo se centra en las estrategias y recursos *retóricos* que deben utilizarse al hablar... «en público».

Esto último me ha hecho pensar en que los estudiosos de las *hablas andaluzas* (de la escritura nada hay que decir) acaban centrándose siempre en los hábitos articulatorios –en aquellos que consideran peculiares, claro–, pero no se han preocupado jamás de cómo los andaluces «preparan y organizan el discurso», de cómo se valen de la ironía o el oxímoron... Algo tiene que ver con tal «olvido» el que los «informantes» en que se han venido fijando no son aquellos que suelen hablar *públicamente*; más bien no se les presenta nunca ocasión de explotar esos procedimientos que tanto importan a quienes persiguen que se hable «bien» y «con corrección». Hasta la «gracia» que se les atribuye quedaría al margen de los consejos sobre el «ingenio» y el «humor» que figuran en estos manuales: partir del «conocimiento cabal de los interlocutores», emplear los giros «en la proporción justa»...

Siempre he dudado de que esta clase de publicaciones, que prescriben y proscriben, ayuden a mejorar el comportamiento idiomático de los que tienen el español como lengua materna. Ya sé que son «de consulta», pero, con la mano en el corazón, ¿cuántas veces ha acudido el lector a consultarlas?; ¿y a la *Nueva gramática de la lengua española*, en la que la *oralidad* es tenida en cuenta «en [mucha] menor medida»?

Más preguntas: ¿Contribuyen, al menos, a desmontar las paradojas que enturbian la valoración del habla de los andaluces? Ni siquiera permiten comprender por qué en la región andaluza coexisten los acomplejados por hablar (entiéndase «pronunciar») «mú má» [*muy mal*] y los que se sienten orgullosos de hablar (aunque digan que dejan aparte la pronunciación, en la práctica no se refieren más que a esa parte del «acento») el mejor español del mundo. Lo cierto es que, gracias a la superación de la pobreza y al incesante enriquecimiento de la competencia idiomática –oral y escrita–, los primeros se «corrigen» y abandonan vulgarismos, con lo que se van liberando del *sentimiento* (que no *complejo*) de inferioridad sin necesidad de acudir a un psicólogo. Si retrocede el *ceceo* es por su escaso prestigio incluso entre quienes lo practican, y por razones similares son cada vez más los que en la Andalucía occidental se despojan del discordante *¿uhtede qué se creei?* y aumenta el número de los que «recuperan» el *vosotros*, forma no menos andaluza que de los salmantinos o palentinos. A su vez, aquellos que sobreestiman «su» andaluz dejan de mirar «por encima del hombro» a (los) otros hispanohablantes en cuanto los «escuchan», lo que hoy se puede hacer sin levantarse del sofá de casa, y liman los rasgos muy marcados. Y todos salen (salimos) ganando.

24-07-2021

Algo que hacer

Es sabido que en España se consulta menos el *Diccionario* académico (hoy obra común de la RAE y todas las Academias de la Lengua Española) que en los países hispanoamericanos. De haber acudido a él, los impulsores de una *Oficina del Español* para hacer de Madrid la «capital europea del español», quizás se habrían decidido por otro término, pues *oficina* se definía hasta la penúltima edición como 'lugar donde se hace o trabaja algo' («no material», se añade en otra de sus escasas acepciones). El indefinido *algo*, por más que se vea acompañado de adjetivos en forma no marcada (*algo bueno*), al igual que otros pronombres (*no he hecho nada malo, lo más bonito que he visto*), es ajeno al género, y aunque se hable de «neutro», no se «opone» a masculino y femenino.

De manera que una frase como *voy a ir por la oficina, por si hay algo que hacer, porque muchos días me paso las horas sin hacer nada* la puede decir con propiedad el *oficinista* ('empleado de oficina'), oficio «raro», por ser a la vez envidiado y denostado. Los jornaleros del campo han ubicado siempre en un escalón social «superior» a los que no tenían que trabajar a la intemperie y lucían traje, o chaqueta y corbata. Pero, a la vista de su habitual exigua remuneración, que no les permitía llegar desahogados a fin de mes –a menos que practicaran el pluriempleo–, eran mirados (sobre todo los de baja categoría) por otros con conmiseración, y hasta se acuñó el despectivo *chupatintas*. No es casual el empleo como peyorativo del derivado *oficinesco*.

Así que, aunque nunca me pareció que hubiera ninguna connotación negativa en el empleo del término por parte de los alumnos extranjeros que me preguntaban *dónde se encontraba* o *cuándo podían ir a mi oficina* (mi despacho en la universidad), siempre me «chocó» tal uso.

Nada de eso parece haber inquietado a los que han puesto en marcha el proyecto madrileño, cuya (única hasta el momento) cabeza visible ha venido a empeorar las cosas, al presentarlo con un contundente «el chiringuito soy yo», supongo que para cerrar la boca a los que, desde que «saltó» la noticia, así lo bautizaron. Porque un *chiringuito*, 'puesto de bebidas al aire libre' (otra cosa es que algunos hayan acabado siendo auténticos restaurantes, incluso de lujo), nada debería tener que ver con un organismo creado para la promoción de una de las pocas lenguas de cultura del mundo.

Me cuesta creer que no se busque más que eco mediático y recompensar los servicios de alguien. Lo primero, como era previsible, se ha conseguido sobradamente, aunque el impacto parece haberse producido en una sola y misma dirección, que no ha «sorprendido» a la presidenta de la Comunidad de Madrid, quien, en un extenso escrito aparecido en este mismo diario [*Abc*], se refiere al «desprecio, insultos y mofas» de que ha sido objeto. Hasta de *paletada* se ha tildado lo que casi todos ven como un *invento*, no sé si por lo que de «engaño» tiene o por haber surgido «desde cero». Quizás por las dos cosas.

Se esperaba con cierta expectación la reacción de las instituciones que tienen como objetivo vigilar y engrandecer nuestro idioma. Como la RAE, con más de tres siglos de vida, a la que han ido sumándose las de Hispanoamérica, Filipinas, Guinea Ecuatorial (y, últimamente, la que se ocupa del judeoespañol). O como el Instituto Cervantes, que en 30 años ha puesto en marcha unos 90 *centros* (que no *oficinas*) en 45 países, y su expansión no deja de aumentar. O como la UIMP o la Universidad de Salamanca, con larga tradición y solera en la enseñanza y difusión del español entre los extranjeros. O como todos los departamentos universitarios de Lengua Española en las facultades de Filología, de Traducción e Interpretación y de Humanidades de España e Hispanoamérica, que vienen haciendo una inmensa labor en la proyección internacional de nuestra lengua. De momento, no se ha pasado de la prudente sonrisa más o menos desdeñosa y disimulada, si bien en algún caso la ironía no se encubre, como en el comentario de Darío Villanueva, que fue director de la RAE, para quien «proclamar Madrid capital europea del español es lo mismo que decir que el agua es H2O».

Es verdad que, al tratarse del idioma más hablado (tras el chino) del mundo y más internacional (tras el inglés), la defensa y vindicación de cualquier iniciativa de este tipo es impepinable: cuanto sume debe ser aplaudido. Sobre todo –en ello está de acuerdo hasta I. Díaz Ayuso–, si la aportación se encauza hacia el hueco de los «eventos relacionados con la industria cultural» y la «producción audiovisual». Si los resultados llegan a ser *espectaculares* (adjetivo de moda) o *nimios* (mucho menos usado, y que ha pasado de designar 'excesivo, abundante' a lo contrario, 'insignificante, sin importancia'), ya se verá. O quizás no, pues no sería la primera propuesta que, al arrancar sin tener claro para qué, deje de ser noticia en poco tiempo.

24-02-2023

¿*Inteligencia? Artificial*

Son incontables las posibilidades que está abriendo la denominada *Inteligencia Artificial* (IA), herramienta tecnológica que, según el *Diccionario* académico, «crea programas informáticos que ejecutan operaciones comparables a las de la mente humana», y que, en opinión de algunos «expertos», utiliza el lenguaje natural con tal fluidez que sus respuestas son indistinguibles de las de un ser humano. Informaciones y opiniones sobre el asunto invaden a diario los medios de comunicación, por lo que nada tiene de sorprendente que, pese a ser dos vocablos, haya sido elegida *palabra del año 2022* por FundéuRAE. Hasta se ha llegado a decir que el pasado mes de noviembre, en que la empresa OpenAI lanzó ChatGPT (Generative Pre-trained Transformer), marca el inicio de una nueva época de la humanidad, equiparable a la abierta en 1789 (Revolución Francesa) o, dos siglos después, con la caída del muro de Berlín. Aunque no todas sus múltiples aplicaciones son igualmente impactantes, casi todas se convierten en noticia destacada, desde el desarrollo de unos implantes cerebrales que han permitido volver a hablar a enfermos de ELA o la plasmación de pensamientos en textos, al «descubrimiento» de una comedia desconocida de Lope de Vega en un manuscrito anónimo del siglo XVII, gracias a la transcripción automática de 1500 obras del Siglo de Oro.

Y no parece que su desarrollo vaya a verse frenado por consecuencias no deseables, como el envío al paro de un buen número de trabajadores (por ejemplo, los desplazados por la traducción e interpretación automáticas o automatizadas) o el hecho de que la «alimentación» (búsqueda, purga y etiquetado de miles de millones de contenidos) de una industria con la que unos pocos van a ganar cantidades inconmensurables de dinero esté siendo realizada por una mano de obra vilmente explotada en países africanos o asiáticos.

Como a los que no hemos llegado ni a la antesala de la comprensión de la acepción actual de «algoritmo» se nos hace cuesta arriba entender que, por ejemplo, algunas «aplicaciones» terminaran modulando el voto y llevando a un narcisista como D. Trump a la presidencia, en dos ocasiones, de los EEUU, o que unos robots cobraran «vida propia» y provocaran, en 2018, un cataclismo bursátil mundial, no estoy en condiciones de aportar reflexión relevante alguna sobre la transformación de lo virtual en real. Me limitaré a decir algo sobre los riesgos del papanatismo de creer que unas manifestaciones lingüísticas cuyo contenido es casi siempre superficial, sin sustancia, y a menudo erróneo, nos van a situar a las puertas de la mayor «revolución» cognitiva de la historia. Y no me refiero a circunstancias como la *preocupación* en el ámbito de la enseñanza/aprendizaje porque –es un caso real– un examen de Historia para acceder a la universidad elaborado artificialmente haya sido *aprobado* (aunque «por los pelos») por correctores de la EVAU, los cuales, de todos modos, han señalado que «responder» a una cuestión como «Celtas e iberos en vísperas de la conquista romana» con enunciados del tipo «coexistían en la península ibérica y tenían relaciones comerciales y culturales, aunque también se producían conflictos entre ellos debido a la competencia por los recursos y el control de los territorios», recuerdan al alumno «que ha aprendido el tema de memoria y lo reproduce con expresiones que no acaba de comprender». Diría que más bien parece una contestación de un zombi.

No es una cuestión de grado de «calidad», sino de propiedad atributiva «cualitativa». Un texto generado gracias a la IA no puede compararse con el elaborado por un ser humano, entre otras razones, porque, a diferencia de las lenguas *naturales* –que no cesan de cambiar–, las «artificiales» no *pueden* hacerlo. He aquí la contestación obtenida a la pregunta «¿qué es el *andaluz*?»: «*dialecto* del español hablado en Andalucía, con características únicas de pronunciación y gramática, en cuyo vocabulario destaca la abundancia de arcaísmos, americanismos y arabismos, y en el que son notables las diferencias internas». Fuera de la obviedad de que en las hablas andaluzas todo es variedad y heterogeneidad, esa «definición» –en la que, menos mal, no se cita ninguna característica fónica «exclusiva» ni se da un solo ejemplo del léxico «específico»– deja al que pretenda saber qué y cómo hablamos en Andalucía peor que estaba.

Pero la «culpa» no es de una «inteligencia» que no puede ir más allá de «organizar» los miles de millones de datos que le proporcionan quienes la programan y de ella se sirven. A las *personas* que orientan a y dirigen el *artificio* hay que endilgar, pues, no solo las ventajas, también las carencias y equivocaciones. Si la *verdad* es la «conformidad de las cosas con el concepto que de ellas forma la mente», la IA, al carecer de la capacidad de crear ideas, es ajena a ella. No puede ni mentir, pues le falta la *inteligencia* para hacerlo. Me consuela que el segundo que más se ha enriquecido en este nuevo mundo tecnológico, el japonés Kazuhiko Nishi, acabe de declarar que «ChatGPT sigue siendo muy tonto».

2025
Robots

La Real Academia Sevillana de Legislación y Jurisprudencia y la del Notariado han cerrado el curso 2024-25 con una conferencia sobre la (mal) llamada Inteligencia Artificial, concretamente las ventajas y los inconvenientes de que los robots puedan llevar a cabo cometidos de los juristas e incluso llegar a actuar como jueces. El «temor» de que acabe supliendo al hombre se dejó «sentir», de forma explícita o latente, a lo largo de toda la exposición. Aunque parece haber acuerdo en que, por mucho que avance (¿progrese?) tal «inteligencia» y por más ahorro (incluso económico) que suponga la realización en segundos de operaciones que nuestra mente no puede llevar a cabo, tal «sustitución» nunca se producirá, ya es significativo que se plantee tal posibilidad.

Los 50 minutos que duró la charla del prestigioso catedrático de Derecho G. Cerdeira estuvieron salpicados de expresiones que piden a gritos ser analizadas. No me refiero únicamente a las reflexiones generadas por la permanente «lucha» entre la «letra» y el «espíritu» de la ley, o a la espinosa cuestión de hasta qué punto hay que agarrarse a las «definiciones» que los diccionarios (incluido el académico) proporcionan de los vocablos utilizados en cualquier sentencia o documento, sino a la aceptación de que no la hay monosémica o cuyo significado se «estanque» (o «petrifique»), idea que fue ilustrada con términos nada «técnicos» o «especializados» y de uso tan común y frecuente como «hombre», «solidaridad», «tradición»... El conferenciante se permitió incluso «deslizar» la posibilidad de que alguien tildara de no constitucional todo matrimonio distinto al «tradicional», dada la redacción del Artículo 32 de nuestra Carta Magna: «El hombre y la mujer tienen derecho a contraer matrimonio con plena igualdad jurídica». Y la utilización en nuestras cámaras de las diversas lenguas de España, no solo del español, le permitió aludir a las dificultades que a la ya ardua labor de legislar añade la no estricta equivalencia de muchas expresiones del español con las del catalán o vasco. Y a todo ello –dejó caer– se suma que los juristas se comportan a menudo como leguleyos, lo que viene a complicar más las cosas.

En el fondo, la cuestión es muy simple. Como no hay término o frase que se emplee «fuera de contexto», la interpretación está siempre determinada o condicionada por los variados factores que configuran el sentido de cuanto se dice, de manera que la discusión en cada caso para dilucidar el significado «propio» (frente al coloquial, técnico, vulgar...) se eterniza. No sé si es a eso a lo que se refieren aquellos para los que casi todo tiene otra o varias «lecturas», aunque se trate de algo que no han «leído», sino «oído».

A medida que iba avanzando en su razonamiento, se acentuaba entre los oyentes la obviedad de que la lengua es la herramienta primordial del jurista (y de los que se dedican al resto de profesiones y oficios), que no podrá dar un paso sin dominarla. Pero su dominio es tarea jamás alcanzable del todo, ya que la capacidad creativa de la mente humana para explotar los saberes varios que pone en práctica al hablar (y escribir) es potencialmente infinita. Por extraordinarios que sean los logros de la IA, jamás llegará a entender y comprender sentidos «nuevos» de las expresiones dadas con que cuenta. Ninguna máquina o algoritmo podrá enfrentarse a problemas no previamente existentes. Es más, aunque en la definición de IA en el *Diccionario* académico se ha deslizado que los programas informáticos que «idea» pueden ejecutar operaciones «comparables» a las que realizamos los humanos, la «similitud» no pasa de ser más que una licencia semántica, interpretable como parecido o semejanza, jamás como equiparación o equivalencia.

No parece que el comportamiento de los usuarios del lenguaje jurídico sea radicalmente distinto al observable en los demás terrenos de la convivencia social. No quiero entrar en las innumerables «definiciones» de la «felicidad» (invito al lector a que eche un vistazo a las dos acepciones del *Diccionario* académico), pero, por ejemplo, no está claro que el «candor» y la «inocencia» sean virtudes o valores necesariamente vinculados a la «bondad». Y tenemos reciente un caso llamativo: la conclusión del Tribunal Constitucional de que la amnistía concedida a implicados en el llamado «procès» catalán es una medida excepcional que responde a la «generosidad» del Ejecutivo, que así ha mostrado una «sensibilidad» que persigue «rebajar el enfrentamiento social» y «mejorar la convivencia», no ha hecho que cambien de opinión quienes consideran inconstitucional una «declaración» de independencia que fomenta la desigualdad entre los españoles. Y da la impresión de que nadie está dispuesto a bajarse de «su» carro.

Aunque todo lo «artificial» ha sido hecho por el hombre, solo a su potencia «natural» ilimitada de conocer y comprender es aplicable la «inteligencia». Hasta los lingüistas, que hemos de servirnos de «corpus» cuantiosos y diversificados, estamos obligados a trascenderlos, puesto que lo que de verdad nos interesa es desvelar la facultad de adquirir y de emplear las lenguas. Así que, si bien va a ser difícil acabar con la denominación *I(nteligencia) A(rtificial)*, conviene insistir en que se trata de una combinación impropia e inapropiada, en la que el sustantivo no se deja ni debería ser adjetivado. Porque, aunque cada vez haya más objetos que se califican de «inteligentes», solo los seres humanos (no todos por igual, es verdad) lo somos. No, no hay riesgo alguno de que unos robots acaben juzgando nuestras actos.

II
OTRAS LENGUAS
DE ESPAÑA

Entenderse nunca puede ser una condena

En la última Asamblea (Asemblea, Assemblea, Batzar) General (Xeral, Nagusia) de la cooperativa Som Energia [SCLL] (nacida y con sede en Girona, pero con notable proyección en «todo el Estado español»), algunos de los socios mostraron su disconformidad con que se usara como único idioma «vehicular» el español (las *actas* sí aparecen escritas en catalán y gallego, y «queda pendiente la traducción al vasco»). En el comunicado posterior se pedía disculpas por ello, pero se recordaba que el compromiso no era solo «garantizar que cada uno se pueda expresar en su lengua», sino también «poner los medios para que el resto pueda entenderlo», por más que se reconocía que tal objetivo no era fácil de cumplir sin generar «conflictos». Y, a la vez que se prometía «trabajar para subsanar el *error*», se destacaba lo realmente importante: «poner en valor toda la tarea para articular el entramado democrático imprescindible para poder vehicular la acción de la cooperativa y velar por el modelo económico y social».

Este engorroso enunciado, con el que se deja entrever (se quiere «dar a entender») que para qué hacer frente a los gastos «inútiles» que supone la contratación de intérpretes, ha traído a mi mente dos de las muchas carencias que, a mi edad, poco cuesta confesar. Una: pese a haber estudiado los fundamentos y la historia de la filosofía a lo largo de cinco cursos (los dos últimos del Bachillerato Superior, el Preuniversitario y los dos primeros en la universidad), terminé con la frustración (la culpa no fue enteramente mía) de no haber logrado comprender del todo la distinción kantiana entre *razón pura* (¿qué se puede conocer?) y *razón práctica* (¿qué se debe hacer?), y mi desazón no se ha visto «aliviada», sino todo lo contrario, al ir comprobando que mejor que yo la han comprendido amigos que ni siquiera han pisado la universidad. Otra: no acabo de captar del todo el sentido de la frase habitual «están condenados a entenderse», pues ¿cómo puede el entendimiento ser una «condena»?

Como, además, son tantas las acepciones «comunes y corrientes» de *razón* –y de su plural *razones*– (incluida su «equivalencia» a *motivo*, *causa*...), y tan abundantes los giros de que forma parte («dar la razón» o «hacer entrar en razón» a alguien, por poner los primeros que se me han venido a la mente), me decido a despojarme en esta ocasión de toda elucubración o disquisición, y me arriesgo a comentar lo sucedido en la aludida reunión (virtual) de la cooperativa catalana para «ilustrar», a mi modo, la tensión entre las dos razones «criticadas» por el filósofo de Königsberg. De poco *práctico* puede calificarse utilizar solo el catalán cuando hay «razones» sobradas para valerse *también* del castellano en aquello que interesa y concierne a *toda* la población que vive dentro y fuera de Cataluña.

Algo más que una cuestión *práctica* hubiera sido facilitar en la región catalana la realización *también* en español de las recientes pruebas de Selectividad, con lo que se habría cumplido la resolución de 21 de junio de 2021 del T(ribunal) S(uperior) de J(usticia de) C(ataluña).

No, no necesito *razonar* por qué me sumo a todas las medidas que, aparte de su legalidad, se consideran «lógicas» (*razon-ables*), incluida, por supuesto, la de que el español *también* sea lengua vehicular en la enseñanza.

No se «entiende» bien que se esté en contra del uso de una lengua única para la aprobación de cuentas y presupuesto, incremento de ventajas y beneficios económicos, si ello favorece –sin generar ningún problema (práctico)– la intercomprensión («entenderse») de todos. ¿Será que el idealismo está regresando incluso allí donde «la pela...»? No creo que los (pocos) que reclamaron el uso de las cuatro lenguas peninsulares estuvieran por la labor de pagar a unos profesionales que vertieran a ellas lo que estaban *entendiendo* a la perfección, y los supongo conscientes de que todo el mundo –salvo los intérpretes que fueran contratados, claro– podría salir «perdiendo», y no solo dinero, ya que en cualquier cambio de código en actuaciones orales no preparadas se puede correr el riesgo de que este incida en la cabal captación con nitidez de datos objetivos inequívocos.

La comparación con lo que sucede en la Comunidad Europea, donde no hay otro modo de que los representantes de los distintos Estados se «entiendan», no es procedente. Y si la propuesta de que algunos de nuestros senadores se expresen en la Cámara Alta en su lengua «propia» (de todos lo es también el español) no acaba de satisfacer a todos los que ocupan un escaño, ¿no será porque muchos no acaban de asumir que no se imponga una razón «práctica»?

Porque en una reunión de una empresa privada –en la que, insisto, ningún problema de comprensión se venía presentando– no se trata de echar a pelear sentimientos y/o razones, una lucha en la que no hay «ganadores», sino de verificar si todos se encuentran más cómodos y seguros en la lengua común o a través de «intermediarios» traductores. Por oscuro y profuso que parezca el comunicado de marras antes mencionado, así sí se empieza a «entender».

08-09-2020
Condenados a entenderse

El compromiso de poder utilizar el catalán (y el gallego y el euskera) pesó –parece que decisivamente– en la constitución de las nuevas Cortes el 17 de agosto de 2023. Lo había adelantado minutos antes de la votación el ministro de Asuntos Exteriores (en funciones), y lo hizo público Francina Armengol, nada más ser elegida presidenta de la Mesa del Congreso. Eso sí, asediada por los periodistas, se limitó a reconocer la complejidad de articular tal medida, la necesidad de comprobar los medios y posibilidades técnicas de la cámara, la imposibilidad de fijar un calendario de aplicación…, pero sin entrar en cuestiones como la posible indefensión de los desconocedores de tales lenguas. Y recurrió a «argumentos» tan débiles como el de que los políticos habían de hablar como los ciudadanos si pretendían acercarse a ellos. ¿Tan «alejados» de la realidad del «pueblo» habían estado durante décadas los parlamentarios bilingües por emplear el español?; ¿quería decir que deberían servirse de la variedad conversacional familiar cotidiana o lenguaje «de la calle» para estar aún más «cerca»? En tal caso, ¿por qué no afear igualmente a los profesionales de los medios audiovisuales por esta última razón?

Como suele suceder, el asunto no tardó en dejar de ser «noticia», a lo que contribuyó la obtención del campeonato del mundo por nuestras jugadoras de fútbol. Lo rescato, porque refleja la inclinación a camuflar la obligación de casar el derecho (indiscutible) de unos a expresarse en «su» lengua con el de los demás a comprenderlos, o, en general, porque se suele pensar únicamente (o más) en aquello que los otros «nos deben» y no (o menos) en lo que «les debemos».

Antes de plantearse *cómo* se va a vertebrar el uso de esas lenguas por parte de los representantes políticos, debería haberse aclarado *por* y *para qué* debe acabar la norma mantenida durante cuarenta años. Porque las «fórmulas» para lo primero ya están inventadas. Con ser molesto, casi lo de menos sería que los representantes del pueblo tengan que debatir con un «pinganillo» en la oreja. Y contratar intérpretes que viertan al español lo que digan los pocos diputados que decidan expresarse en su lengua regional y «traduzcan» para ellos (no por necesidad, pues, al igual que todos los demás, son hispanohablantes) las intervenciones de la mayoría, resultará gravoso, pero es un coste que España puede asumir.

Pero sobre las razones y fines para adoptar la propuesta, que es lo que de verdad importa, no es fácil que haya acuerdo unánime. Al ser el español lengua «propia» de todos, y tener unos pocos otra también «en propiedad», la intercomunicación será notablemente más fluida en la compartida. Cabe la discusión en el ámbito simbólico, para lo cual una se convierte en bandera que hay que defender, frente y a costa de otra[s]. Lo que pasa es que ninguna lengua («mayoritaria» o «minoritaria») desprecia o deprecia a otra; son sus usuarios los que le(s) atribuyen un «valor» y adoptan actitudes y comportamientos dispares. Que no haya diferencia de «dignidad» no quiere decir que todas sirvan por igual para todo, y mal se explicaría que la mayoría de las 6000/7000 que hay en el mundo carecen de escritura, que muchísimas van a desaparecer irremisiblemente en un plazo corto, etc.

El *Parlamento* tiene encomendada la misión de elevar el bienestar de todos los ciudadanos por igual, por encima de la(s) lengua(s) utilizadas por cada uno de sus miembros en las Cortes (y en su vida diaria). Sin ser modélico, su funcionamiento tras la recuperación de la democracia puede calificarse con un «notable» alto, y ningún conflicto ha provocado la utilización de la lengua *común* (y *propia*). ¿Contribuirá el «plurilingüismo» a subirlo a «sobresaliente»? ¡Ojalá! Es poco probable, sin embargo, que, por ejemplo, una intervención realizada en euskera sobre si –y cuánto– deben actualizarse las pensiones, o acerca de cómo acabar con el machismo, que casi todos han de recibir «interpretada» por un traductor, sea descifrada con total fidelidad. Y como solo entonces quienes no conocen la lengua vasca estarán en condiciones de replicar, el intercambio verbal puede ralentizarse, incluso quedar bloqueado o acabar convertido en un pequeño galimatías. Menos mal que siempre podrá desenredarse gracias a la lengua en la que todos se «entienden» sin problema alguno.

Utilizar en la Cámara el español no implica veto alguno a nada ni a nadie. Los más interesados en «despojarse» –en esa situación– de la regional son los mismos que reivindican su empleo, pues, por muy buenos que sean los profesionales de la traducción, siempre les irá mejor el diálogo directo, interpelar a sus interlocutores sin que nadie interceda, captar a la primera el sentido intencional y los matices de lo que oyen...

Y hay algo más. Los verdaderos destinatarios de cuanto tratan los diputados no son ellos mismos, sino los representados, que los hemos elegido, y tenemos derecho a comprender cómo llegan a aprobar disposiciones que van a afectar a nuestro modo de vivir.

Insistía la citada Armengol en que la implantación de la medida va a requerir tiempo, esfuerzo y voluntad de consenso. Hará falta algo más: que todos, empezando por nuestros representantes, «condenados a entenderse», se convenzan de que no pierden nada con la forma más sencilla y eficaz de «soportar» la condena.

25-09-2021

Las lenguas como tirachinas

Como ocurre con todo lo reiterativo –hasta con la información periódica del número de muertos en accidentes de tráfico, o la diaria de víctimas mientras duró la pandemia–, casi no ha sido noticia (desde luego, no destacada) que Laura Borràs, presidenta del *Parlament* catalán, que no tenía inconveniente alguno en utilizar el castellano cuando fue diputada (y jefa de Junts per Catalunya) en el Congreso, se negara a contestar a un periodista que le hizo una pregunta en castellano. «Para eso están los traductores», fue su respuesta.

Igualmente ha terminado por convertirse en rutina (la inquietud ante lo que es una flagrante injusticia parece ir cansando a los periodistas) el incumplimiento de las sucesivas resoluciones judiciales dictadas, desde 2010, por el Tribunal Constitucional, el Supremo y el Superior de Cataluña, en que se ordena que el castellano ha de ser *también* lengua vehicular en la enseñanza. En la última, este mismo año [2021], un mínimo del 25 % del horario escolar total.

Ya sé que episodios no muy diferentes se viven o han vivido en otras áreas bilingües. Pero sin llegar a tanto. Así, en las reuniones de profesores de muchos centros de Enseñanza Secundaria del País Vasco, los que deciden expresarse en euskera suelen (o solían) resumir a continuación el contenido de su intervención en castellano. Y el hecho de que, cuando la discusión se acalora, el castellano se imponga (especialmente, si se recurre a vocablos de tono subido o malsonantes), revela que la aspiración al monolingüismo no parece entrar en los cálculos de la sociedad vasca.

Cuesta permanecer impasible ante los intentos (vanos) de descartar el idioma español, del que se sirven prácticamente todos los catalanes, y utilizar en exclusiva el catalán, cooficial, que bastantes hablan, pero no con total fluidez, y escriben con insuficiente y limitada competencia. Es verdad que, a lo largo de la historia, una de las primeras herramientas de ciertos conquistadores y colonizadores ha sido despojar a los dominados de su lengua, arrinconándola e incluso silenciándola, en ocasiones por la fuerza, y en ciertos casos con la aceptación interesada por los dominados de la sobrevenida.

Pero nada tiene que ver con tales procesos la voluntad actual de «barrer» el español en una situación en la que las dos lenguas –como los mismos catalanes reconocen– conviven sin problema alguno. Muchísimo tendrían que cambiar las circunstancias para que triunfara la pretensión de lograr lo que supondría un suicidio –sin motivo alguno– de la población, que no parece muy dispuesta a tal sacrificio.

¿A qué viene negarse a usar un idioma tan *suyo* como el que pretende sea único? El lector conoce de sobra la respuesta, que, al igual que en todo lo que pertenece al ámbito de los sentimientos y apasionamientos, desborda los límites de lo razonable. Pero precisamente de eso se trata, de mostrar la irracionalidad de ciertas reacciones y actitudes y hacer entrar en *razón* a los que las adoptan. Porque una lengua no es simplemente un *medio* o *instrumento* para transmitir contenidos o informaciones, sino el moldeador decisivo de la personalidad del individuo y de su conciencia como miembro activo de la *comun-idad* en que habitualmente se *comun-ica*. La cohesión social que proporciona compartir un idioma es (muy) superior a la que deriva de la pertenencia a una confesión religiosa, a una nación, incluso a un Estado. Y los hablantes de una región bilingüe no solo no pierden, sino que salen ganando. Es difícil de entender que haya responsables políticos que estén a favor de la mutilación empobrecedora, no de la mitad, sino de *todos* los ciudadanos de una región. Menos mal que es algo inviable, pues los usuarios no están dispuestos a renunciar a la fortuna que supone disponer de una de las escasísimas lenguas de cultura del mundo.

El aumento del rechazo del español a un ritmo equiparable al de las multas a quienes incumplen el Codi de consum (que obliga a redactar contratos y escritos en catalán (la otra cara de la misma moneda), me ha traído a la mente las peleas infantiles con *tirachinas* (o *tirachinos*), en las que uno solía ver pasar (muy) cerca los pequeños (o no tanto) pedruscos lanzados por el «enemigo». Si bien no era frecuente que alguien acabara con un ojo perdido o dañado, los chichones no eran escasos. Lo que pasa es que el empleo de las lenguas como munición es bastante más peligroso, y nada tiene de juego, y menos de niños.

No, no cabe «explicar» por qué se ha de transformar el *deber* de conocer los *dos* idiomas «propios» en la *obligación* de usar solo *uno*, máxime si aquel del que se «tiene que» prescindir es el que «trae más cuenta», por aportar más. Cuando de los usos lingüísticos se trata, no hay más remedio que seguir insistiendo en lo obvio, según el diccionario académico, lo que «se encuentra delante de los ojos», y –habría que agregar– «de los oídos».

08-12-2020
Vehicular

Aunque por los pelos (*pels / pèls*, en catalán), otra ley educativa, la LOMLOE, que sustituye a la LOMCE (no voy a pedir a los lectores que desglosen las siglas), ya está aprobada. ¿Y van? Se multiplican las manifestaciones y las opiniones, la mayoría en contra. Sin pasar de la portada del *Abc de Sevilla* del 21/11/2020, he aquí las de los «pesos pesados» de la cultura sobre la no mención del *castellano* (prefiero *español*) como lengua *vehicular* en la enseñanza (omito las expresiones más «gruesas»): *inconcebible, inaceptable, un desastre, un genocidio cultural, una canallada inmensa, una profunda injusticia, [va] contra los más desfavorecidos, fruto de una patología mental...*

Independientemente de lo que se dice en el diccionario académico de *vehicular*, verbo y adjetivo ('tiene que ver con los medios de transporte y con los de transmisión –del sonido, de la electricidad y hasta de enfermedades contagiosas– y difusión'), no me parece acertado su empleo en el caso de la lengua utilizada en clase. A diferencia de lo que hacemos con el vehículo «por antonomasia», una lengua –como el cariño verdadero– ni se compra ni se vende, tampoco se cambia (por otra), ni se aparca... Es un don que se hereda, pero que no tiene precio, y, como todo lo materno, no se despega de nosotros, siempre la «llevamos puesta», y nunca nos deja tirados, como –lo recordarán los que hayan vivido esa etapa– ocurría con el «seiscientos».

Por motivos profesionales o por placer, he ido a Barcelona con relativa frecuencia desde los años 80 del siglo pasado, y siempre he oído que en la sociedad catalana *no* hay «problema» lingüístico alguno, en todo caso, es una cuestión «de los políticos». Y como hasta la propia responsable de la «Ley Celaá» insiste en que la polémica es puramente «nominalista» (¡si Ockam levantara la cabeza!), y dado que bastantes de los que colaboran en los medios nos aseguran (tras 37 años de «inmersión») que no encontraremos en Cataluña a nadie que no «domine» el español, nada habría que temer. No está de más recordar que el dominio de un idioma jamás llega a conseguirse del todo.

La polvareda pasará, y, como también suele decirse, todo seguirá como estaba, sin que importe demasiado que nuevas sentencias sigan dejándose de cumplir.

Pero sí está «pasando» algo. Y no me refiero a que las discusiones sobre las lenguas se utilicen en los Parlamentos de Madrid y de Barcelona como disparos –a dar, no al aire– por unos representantes que, como a toda costa quieren llevarse el gato al agua (*sortir-se amb la seva*) y no dan su brazo a torcer (*non donen el braç a tòrçer*), acaban como enemigos, más que adversarios. Tampoco pienso en episodios como el vivido personalmente en la Universidad de Barcelona en la defensa de una tesis doctoral. Expuse mi juicio razonado en español (los demás miembros del tribunal lo hicieron en catalán) sin el menor problema, pero cuando, tras la deliberación, el presidente se dirigió a mí para aclarar que el acta de calificación iba a leerse en lengua catalana, a uno de los vocales le faltó tiempo para añadir (no era necesario) que, de otro modo, el acto sería «ilegal».

Todo ello es lo de menos. Lo que nada tiene de «anecdótico» es que, sin razón ninguna y de manera *aberrante* («lo que se aparta de lo natural y normal»), se podría privar a los escolares del derecho a desarrollar ciertas competencias en una de sus dos lenguas, justamente la que pertenece al reducido grupo de las conocidas como «de cultura» del mundo y permite acceder a un ámbito compartido por centenares de millones de hablantes. Al prescindirse del español como canalizador del aprendizaje de contenidos, se recorta y limita igualmente su utilización como instrumento de comunicación fuera del ámbito escolar. Y, como cualquier amputación en el terreno idiomático acaba siendo un atentado contra las capacidades cognitivas del individuo, resultan mermadas sus posibilidades de comprender y de crear. No hay legitimación posible para tal modo de proceder. En el futuro, los afectados se lo echarán en cara (*retreure*) a los responsables de tal mutilación, aunque estos ya no tendrán que pagar por ello.

Avergüenza tener que insistir en lo que es una vulgar obviedad. He publicado (en español) reseñas de libros en catalán y sobre la lengua catalana, uno de ellos acerca del *Catalá col·loquial* (es su título), el que se habla en casa y en el mercado, que de ningún modo va a sufrir acoso o persecución de los que (incluidos los catalanohablantes) se valen de las dos lenguas, ambas suyas. Y, aunque no lo domine, el catalán también es mío.

27-II-2021

Mejor en latín

Ya habrán leído y/u oído la noticia, pero la resumo, por si acaso. Dolores Bastida (aunque nada se dice, es probable que procediera de fuera de Cataluña), fallecida a los 95 en Cardona, localidad barcelonesa con hermosa iglesia gótica e impresionante castillo, había dejado escrito, entre sus «últimas voluntades», que la misa de su funeral fuera en castellano. Los familiares, pese a intentarlo por todos los medios, no lo consiguieron, pues el párroco se empeñó en hacerlo en catalán, por lo que, sin que terminara la ceremonia de las exequias, se llevaron el cuerpo y lo enterraron. El obispado de Solsona –vacante desde que Xavier Novell prefirió cambiar el amor divino por el humano y dedicarse a trabajar en una empresa especializada en inseminación de cerdos– ha disculpado al *oficiante* (*oficiar*, de *oficio*), y atribuye todo a un «malentendido»: no hubo suficiente tiempo para dar con los «materiales» («libros», «misales», precisan algunos medios) en español. Bien escondidos deberían de estar, si los había.

Casi todos los que en España hemos cumplido «cierta» edad nos hemos hartado de *recitar* (que no es lo mismo que *rezar,* pese a proceder los dos del verbo latino RECITARE) cientos, miles de veces la *oración* por antonomasia, primero en latín (*Pater noster*), después en castellano (*Padre nuestro,* ya en el diccionario académico como *padrenuestro*). Y algunos habíamos dejado de hacerlo, como autómatas papagayos, cuando nos enteramos de que, a regañadientes, la Iglesia había accedido a modificar los arcaísmos («El pan nuestro de cada día dánosLE hoy», «venga a NOS EL TU reino»...) que, pese a ser ajenos al uso idiomático real, habían acabado por ni siquiera «chirriarnos». Y es que en lo ritual se termina por disociar la expresión del contenido, y secuencias como *hágase tu voluntad así en la tierra como en el cielo, no nos dejes caer en la tentación* o *perdónanos nuestras deudas así como nosotros perdonamos a nuestros deudores*, no nos hacían preguntarnos cuál era *esa* «voluntad» que acatábamos sin rechistar y que debería cumplirse en este mundo terrenal y en el celestial, en *qué* «tentación» de ningún modo debíamos caer, o con quiénes habíamos contraído unas «deudas» de las que ansiábamos ser liberados, dado que –era la contrapartida o moneda de cambio– nos comprometíamos a no cobrar a nuestros (desconocidos) «deudores» lo que nos debían. Por cierto, pese a que no figura en el *Diccionario* ninguna acepción de este último término que en este caso encaje (sí la hay de *deuda* 'pecado, ofensa'), la versión catalana (*El nostre pare*) lo mantiene (*com nosaltres perdonem els nostres deutors*), lo que no deja de llamar la atención, dada la fama que a los catalanes se atribuye de no eximir a nadie de ese tipo de obligaciones. De hecho, «nuestras deudas» se convierten en *les nostres culpas*, con artículo, pues lo que en español acaba siendo desusado continúa vigente en catalán, al igual que los plurales pronominales de cortesía: *el vostre nom, el vostre regne, la vostra voluntat*. En cambio, los catalanohablantes, con *el nostre pa de cada dia doneu-nos*, se libran del engorroso *leísmo* de cosa (*dánosle*), que tanto nos chocaba a quienes jamás decíamos ni oíamos ¿*me le das*? para pedir *pan* ni ¿*me le dejas*? cuando se trataba de un juguete.

La «eficacia» y «eficiencia» de los textos de unos *oficios*, que, aunque encomendados por delegación a seres humanos, se consideran *divinos*, depende de su aprendizaje y reproducción sin alteración alguna, lo que ahorra examinar su abstruso sentido, que se desvanece o evanesce. Se explica que secuencias inamovibles en una lengua *muerta*, el latín, incomprensibles para casi todos, se hayan mantenido durante siglos, y los arcaísmos en castellano hasta fines del siglo pasado. El poder del valor simbólico de la expresión significante se impone a un sentido casi indescifrable.

No, no hubo ningún «malentendido» en no respetar el explícito deseo de Dolores Bastida, y sí crueldad, al vincular la lengua a una *bandera* patriótica y utilizarla como herramienta de exclusión y humillación. Ante tal ofensa (¿pecado?) a sus *deudos*, que no *deudores*, no quedaba otra salida que la retirada del fallecido.

¿Qué «ganaba» alguien que conocía y empleaba por igual las dos lenguas (hermanas, al ser *neolatinas* ambas) al optar por una y rechazar el deseo de quienes sufragaban la ceremonia, verdaderos perdedores? Y no creo que en este caso la elección estuviera determinada por el temor a la reacción de la intimidadora *Plataforma per la Llengua* o –dada la «escasez» de recursos de una Iglesia siempre petitoria– a una posible sanción económica de la *Oficina de Drets Lingüístics*.

El clérigo podría haber aprovechado la ocasión para regresar al latín, lengua madre del catalán y del castellano, decisión que, como «mal menor» o terreno neutral, posiblemente habría aceptado la familia.

28-05-2022

Todos propietarios

Los medios han informado de lo que acarreó (actitudes displicentes por parte de algún profesor incluidas) a un estudiante de FP en Cheste (Valencia) su petición de realizar un examen en español, no en valenciano. Un episodio más de los muchos que se han producido, desde que empezó la Transición, en regiones en que el castellano *convive* con otra lengua. Sobre las 'lenguas de España' se han celebrado en las últimas décadas numerosas reuniones y debates. Solo entre finales de agosto y principios de diciembre de 1991 participé en cuatro (Santander, Cáceres, Salamanca y Sevilla). En un descanso del encuentro en la Universidad de Extremadura, una profesora del País Vasco me espetó: «¡qué suerte la de los andaluces, al no tener lengua propia!». Le respondí que todos –hasta los indigentes que nada tienen registrado a su nombre– somos *propietarios*, al menos, de una, en Andalucía la compartida con castellanos (del Norte y del Sur), murcianos, riojanos, aragoneses, canarios, hispanoamericanos, etc., y también con catalanes, vascos y gallegos. Añadí que deberían considerarse afortunados los que cuentan de partida con dos por el precio de una. ¡Con lo que 'cuesta' llegar a dominar otro idioma! El espontáneo 'desahogo' confidencial de mi colega, además de ser falso, resultaba improcedente. No es verdad que el monolingüismo (situación que en Europa solo se da, si acaso, en Islandia, y en el resto del mundo allí donde se habla alguna de las muchas lenguas –no pocas carentes de escritura– condenadas a extinguirse) sea 'envidiable'. Y ¿puede lograrse que una lengua *propia* pase a ser *ajena*, ser *enajenada*?

En Cataluña, terminado el plazo de implantación voluntaria de la sentencia que obliga a que *también* el español sea vehicular al menos en el 25 % de la enseñanza, las argucias de la Generalitat para no cumplirla empiezan a bordear lo ridículo, como tratar de que se compute para cubrir tal porcentaje el tiempo de recreo o de comedor, el empleado en la búsqueda de datos en internet, etc. ¿Por qué ese empeño en 'privar' a tantos escolares, si no del uso, sí de un mejor conocimiento y de un mayor grado de competencia del idioma del que (también) se valen habitualmente? A diferencia de lo que sucede con otras *propiedades* (hay quien se ve 'obligado' a renunciar a un inmueble heredado, al no poder hacer frente al pago de los impuestos que supone hacerse cargo de él), nadie en su sano juicio está dispuesto a sufrir la inconmensurable merma que supondría *despojarse* voluntariamente de la lengua que le *pertenece* como herencia 'gratuita'.

En uno de los actos fúnebres para despedir a víctimas del islamismo radical, el oficiante dijo que muy miserable debía de ser un 'Dios' cuyo honor 'necesita' ser defendido por fanáticos. Salvando las (enormes) distancias, la 'protección' de una lengua a base de arrinconar a otra flaco favor hace a la que se dice estar 'defendiendo', por lo que ya es hora de adoptar una actitud 'laica', que impida 'creer' que va a ser beneficiosa la invasión por parte de la lengua 'propia' de *todo* el espacio, que, compartido, no hace más que aportar extraordinarias ventajas. No vale aducir 'discriminación positiva', pues solo efectos 'negativos' puede tener la postergación del castellano, precisamente el que sirve para comunicarse con centenares de millones de personas y acceder a una ilimitada y rica gama de textos. Y ofende a la inteligencia el argumento de que no es preciso estudiarlo porque «ya lo hablan en casa», pues –aparte de que podría aplicarse igualmente para el catalán– nadie ignora que, frente a la oralidad coloquial, donde la diversidad y la heterogeneidad saltan 'al oído', la homogeneidad de la escritura garantiza el disfrute de la superación (sin desbancarlos) de regionalismos y localismos, la ampliación de su ámbito gracias a la traducción a otros idiomas, empezando por el inglés, etc. Muy poco se puede hacer en la actualidad sin la regulación normativa y estandarización lingüística, solo alcanzables cuando actúa como vehículo del aprendizaje escolar, empezando por la atenuación de las patentes divergencias de la capacidad y la práctica lectoras.

Quizás habría que empezar por recuperar el concepto de lengua *materna*. Aunque el instinto de posesión (exclusiva) está arraigado desde la infancia (los niños son reacios a compartir los juguetes), gracias a la educación se consigue evitar que nadie piense que una lengua 'no es mía por ser la tuya', y que se interiorice la idea de que también la de otros me *pertenece*. Con independencia de los tipos de 'maternidad' (y de paternidad) existentes, se trata de una relación irrenunciable que puede hacer desvanecer toda veleidad de ruptura, y que no se vea enturbiada la convivencia social.

03-06-2024
Ni se compran ni se venden

En ocasiones, hechos en apariencia sin conexión entre sí acaban por confluir como una pequeña conjunción estelar. En un mismo día del mes de mayo: a) apareció en el BOE un Real Decreto en que el Ministerio de Ciencia, Innovación y Universidades concede subvenciones a «entidades relacionadas con el conocimiento de diversas materias»; b) la Monarquía otorgaba el título de «Real» [Reial] a la Acadèmi de sa Llengo Baléà (ALB); y c) se presentó en Sevilla el libro *En los orígenes del Partido Andalucista*, de J. L. de Villar.

Aunque son nueve (cuatro –casi la mitad– del País Vasco) las «entidades» favorecidas en el decreto ministerial, la mayor parte del millón y medio largo de euros (de todos los españoles) se destina al pago de «gastos de funcionamiento» de las Reales Academias Galega y de la Lengua Vasca y del Institut d'Estudis Catalans. Cantidades no despreciables, pero muy inferiores, asignadas a la Academia de la Llingua Asturiana y a la Acadèmia Aranesa dera Lengua Occitana, parecen atribuirles el papel de «comparsas» encubridoras. Y no me sorprendería que el próximo año forme parte de ese selecto grupo de favorecidas la que ya es *R*ALB, surgida hace pocas décadas con la finalidad de que el baléà disponga de un código escrito «propio, ancestral y auténtico» distinto del catalán.

Ahora bien, el que de ese reparto de dinero público, a dedo y sin concurrencia, por parte de un organismo cuya «competencia» (atribuciones) para hacerlo es discutible, se beneficien la Academia de las Ciencias, de las Artes y de las Letras del País Vasco o la Fundación para el Estudio del Derecho Histórico y Autonómico de Vasconia es algo que acaba desconcertando, al dejar de disimularse la intención camufladora o enmascaradora. Y clama al cielo que lo que se reconoce como «concesión de forma directa» se pretenda «justificar» por la «excelencia» y carácter «vanguardista, abierto e inclusivo» y de «liderazgo internacional» de la labor que llevan a cabo los agraciados. Además, ¿cómo se puede demostrar su «superior interés público [de indudable importancia], social, económico y humanitario», salvo que se piense en la acepción cuarta y última de «agraciar» ('premiar a alguien en un sorteo')?

En España hay no pocas instituciones tan estrechamente «relacionadas con el conocimiento» –o más– como las que aparecen en el decreto ministerial. El Instituto en que se integran las 27 Academias de Andalucía (entre ellas, la Real Academia Sevillana de Buenas Letras, con casi tres siglos de historia) recibe una paupérrima ayuda (de la Junta andaluza, claro).

Nada me sorprendió que, en la presentación del libro de J. L. Villar, ni uno solo de los participantes (el autor entre ellos) hiciera la menor alusión a los usos idiomáticos de los andaluces (a los orales, claro es, pues, aunque haya una *Zoziedá pal Ehtudio l'Andalú* [ZEA], con un objetivo similar al de la [R]ALB, establecer un «êttandâ pal andalûh [EPA]» como modelo gráfico propio, de la escritura en la región andaluza nada hay que decir). Y menos me extrañó que en el *Manifiesto fundacional de la Alianza Socialista de Andalucía*, germen del movimiento que se comprometía a «promover la identidad andaluza», para mejor luchar por la autonomía y desarrollo de la región, ni aparezcan vocablos como *lengua, habla, dialecto, pronunciación, léxico*... Y eso que hablar «en andaluz» es para muchos su principal seña identitaria, de la que se sienten «orgullosos». Pues bien, con casi insignificantes ayudas autonómicas, las hablas andaluzas han sido –y continúan siendo– objeto de estudio tanto o más que cualquiera de las lenguas a las que se destinan cientos de miles de euros.

Como no puedo detenerme en todas la situaciones, muy distintas, me limitaré a Cataluña. Son indiscutibles las ventajas de sus ciudadanos por contar con dos lenguas «propias», a lo que se refirió el ganador en las recientes elecciones regionales nada más enterarse de los resultados («gobernaré para todos los catalanes, hablen lo que hablen»). «Aprender» a hablar catalán no «precisa» ser sufragado. Y su estudio se lleva a cabo en los centros de enseñanza, que disponen de sus correspondientes fuentes de financiación (en gran medida, también ministeriales), y donde ha terminado por convertirse casi en la única lengua vehicular. De hecho, antes de cesar, el Govern publicó, cuando ya se encontraba en funciones, un Decreto para respaldar el incumplimiento de la resolución del TSJC (de 2020 [!]) que declara la obligatoriedad de impartir al menos el 25 % de las enseñanzas en castellano.

Por razones extralingüísticas, si bien no coincidentes, la nueva ayuda económica ministerial «conviene» tanto a los que la reciben (insisto en que no son directamente los hablantes) como a quienes graciosamente la otorgan. A los primeros, para la propagación (propaganda) que contribuya a privilegiar («discriminar positivamente» se prefiere decir ahora) simbólicamente –pero de un modo suicida– una lengua a costa de (incluso contra) la otra. Los motivos de los segundos (que se desentienden de su deber de representar a los españoles en conjunto) son sobradamente conocidos.

Las lenguas, como el cariño verdadero, ni se compran ni se venden. Se pueden subvencionar, pero ¿a cambio de?

III
EN TÉRMINOS
COLOQUIALES

En términos coloquiales

Hasta hace poco, era impensable que en el Congreso un diputado llamara a otro *mentiroso* (o *embustero*), o lo situara entre la «gentuza antidemocrática a la que habría que eliminar»; o que el presidente del Gobierno se refiriera a los *mangantes* ('sablista, sinvergüenza, despreciable...') de otra formación política; o que el director del Instituto Cervantes cerrara una de sus habituales colaboraciones radiofónicas con «¡Cuánto *hijo de puta* hay por el mundo!»; etc. Expresión esta última, por cierto, muy empleada en unas conversaciones de años atrás –pero difundidas ahora– entre un 'famoso' (ex)comisario y quien era vicepresidenta del Gobierno. A la afirmación del primero de que alguien «es un hijo de puta», su interlocutora corrobora «Un hijo de puta en toda regla [*sic*]». Las 'lindezas' idiomáticas se suceden: –«Tengo un tema de la hostia [contra Podemos]» –«Jo(d)é(r), eso es una bomba, yo eso lo quiero»; «la mierda esa de informe»; «el pobrecito se cagó cuando se lo dije»...

Calificar todo esto de *coloquial* supone igualar lo 'propio de la conversación informal y distendida' con lo 'vulgar' y/o 'malsonante'. Gran error. *Coloquialmente* hablamos todos casi todo el tiempo –algunos no pueden hacerlo de otro modo–, sin necesidad de servirnos de tales voces o giros. Y si en ocasiones se quiebra el registro formal exigido (por la misma 'cortesía parlamentaria', por ejemplo) con el recurso a frases como 'dicho / para decirlo en términos coloquiales', se hace (otra cosa es que se consiga) para facilitar la comprensión, aunque más para guardarse en la manga una carta que permita precisar –si las palabras acaban siendo no bien interpretadas o sacadas 'de contexto'– a qué se hacía referencia exactamente. Es tan amplio el mundo compartido en la comunicación cercana que nos permitimos multiplicar los recursos de camuflaje de la literalidad, como la ironía, los dobles sentidos…

Hay diferencias patentes entre lo *coloquial* y lo *formal*. No es solo que en las diez primeras líneas de un programa de mano de un concierto que tengo ante mis ojos cuente hasta 23 adjetivos distintos (*fulgurante, ambicioso, trascendental, endiablada* [complejidad], *liviana* y *sencilla* [claridad], etc.), sino que, prestando atención solo a la adjetivación se puede trazar la historia de la poesía española. En la conversación cotidiana, en cambio, pocos se utilizan, aunque, eso sí, algunos, profusamente, como *bueno* y *bonito* (de idéntica raíz, por cierto) y sus contrarios. El actual abuso de voces como *guay* ('coloquial', pero circunscrita a España, según el diccionario académico) y de prefijos elativos (*superemocionante, hiperatractivo*, etc.) lleva a su desgaste rápido y continuo reemplazamiento.

Nada o muy poco tiene que ver con el estilo *coloquial* el hecho de que la balanza parezca inclinarse en las intervenciones públicas de los representantes de uno y otro signo (lo que puede haber contribuido a que algunos piensen que «todos los políticos son iguales») del lado de la burda descalificación, desacreditación (cuando no del desprecio –'desdén'–) de los discrepantes. Los insultos y palabras gruesas reflejan un descenso alarmante de la actitud crítica, cuando no una obnubilación mental que contribuye a bloquear el diálogo.

Sin restarles relevancia, los (tenidos por) 'coloquialismos' léxicos no deciden el grado de 'coloquialidad' de una actuación idiomática. Además, no se crea que es sencillo identificarlos. En el *Diccionario del español coloquial*, de Ramos y Serradilla (2000), figuran *echar un polvo, estar de puta madre, poner a parir, ser un coñazo, mandar a tomar por culo*, etc., pero también muchos de uso habitual en la conversación familiar y fuera de ella: *estar a régimen* o *de enhorabuena, echar de menos, ir de compras, caer en la tentación, pagar al contado, merece* (*vale*) *la pena*…

¿Cómo definir, entonces, lo 'coloquial'? Volvamos a las charlas grabadas de ciertos políticos, ahora aireadas: «Oye, tío. Hicieron la mierda esa del Informe Pisa ese, que eso es basura, y con eso lo vacunaron. Yo creo que lo encargó el Coletas, es que no tiene otra explicación. Entonces, esa línea, que te la podría yo reconstruir, claro, todo eso vale pasta, ¡claro que vale pasta!». Su clara 'oralidad' coloquial no desaparecería por eliminar el 'malsonante' *mierda*, el 'coloquial' *pasta*, el apodo con que es conocido un político, la repetición de *eso*, etc. El lector que no haya oído la transcripción de la grabación ha de fiarse de la parcelación enunciativa marcada que he intentado reflejar mediante signos de puntuación, pero en sus manos queda 'revivir' atinadamente su contorno melódico. Si no, difícilmente descifrará el sentido de tal serie de secuencias, que parecen ir brotando a borbotones.

Hablar *en términos coloquiales* no es 'peor' (ni 'deficitario') ni 'mejor' que hacerlo de otro modo. Lo que no estaba previsto era que un diálogo confidencial entre personas con proyección *pública* terminara siendo «público» y «publicado».

II-I2-2023

Descalificaciones y sobrevaloraciones

Los adjetivos dan tanto juego que se puede trazar la historia de la poesía española con solo observar cuántos, cuáles y cómo se emplean en cada época o movimiento. Es verdad que uno se lleva sorpresas, como la inclinación del Arcipreste de Hita (¡en el siglo XIV!) a anteponerlos al nombre, en su *Libro de Buen Amor*, que escribe para luchar contra el pecado, pero, consciente de que «es umanal cosa ['cosa –muy– humana'] el pecar» y de que algunos van a seguir queriendo «usar del loco amor ['amor desquiciado' que lleva a la perdición], deja caer que en su obra fallarán ['encontrarán'] algunas maneras para ello». Las cosas no son muy distintas fuera de la literatura. En las diez primeras líneas del programa musical (apenas un centenar de palabras, incluidos artículos, preposiciones y conjunciones) que tengo delante, cuento hasta 23 adjetivos distintos: *fulgurante, ambicioso, trascendental,* [alarde] *hipervirtuosístico, endiablada* [complejidad], *liviana y sencilla* [claridad], etc. Pero es verdad que en la conversación cotidiana nos arreglamos con muy pocos, y de algunos –como *bueno* y *bonito* y sus contrarios– abusamos, además de reforzarlos elativamente, por ejemplo, mediante prefijos (*superemocionante, hipera-tractivo*), que, claro, se van gastando y renovando. Hoy casi todo es *guay* (o *superguay*), voz que ha entrado en el diccionario académico, si bien circunscrita a España.

Hasta no hace tanto, en el Congreso era insólito que un diputado llamara a otro *mentiroso*; a lo sumo se oía que «estaba faltando a la verdad» o alguna expresión similar. Hoy las descalificaciones han dejado de chirriar, casi ni extrañan. Hasta un presidente del Gobierno calificó a los miembros de una formación política de *mangantes*, cuyas acepciones («coloquiales») 'sablista, sinvergüenza, despreciable...' van bastante más allá de las de *embustero*. Parece como si se fuera abriendo la mano (la boca, más bien), y no cesaran de ampliarse los ámbitos del uso de ciertos adjetivos o nombres que no solían traspasar el listón de lo informal. Si el director del Instituto Cervantes cerró una de sus habituales colaboraciones radiofónicas con el desahogo exclamativo «¡Cuánto hijo de puta hay suelto por el mundo!», ¿cómo va a sorprender que nuestros representantes políticos, para desacreditar o de[s]preciar a quienes no comparten sus ideas u opiniones, se tilden de *estúpidos* o *indeseables*?

La proliferación de «excesos» verbales, en las dos direcciones (para descalificar o sobrevalorar), revela un descenso (preocupante) de la capacidad de reflexión y de crítica. El hecho de que se considere *cursi(lón)* a quien simplemente procura utilizar calificativos adecuados es el contrapunto visible de tal tendencia. Porque, aunque la penetración en el mundo de lo inefable sea algo reservado a los poetas, común a todos los hablantes es la voluntad de aproximarnos a la propiedad y precisión de las calificaciones, el mejor baremo para definir el grado de competencia idiomática. Desde luego, los insultos y palabras gruesas sin apoyo razonado alguno solo son fruto de la obnubilación de la mente y no sirven más que para bloquear y anular el diálogo, con nefastas y lamentables consecuencias.

No contribuye precisamente a poner freno a lo hiperbólico la extendida creencia de que «lo mío es (lo) mejor». Sobrevalorar –sencillamente «porque sí»– lo que de forma permanente se lleva «puesto» y tomarlo por superior a lo ajeno es algo que hace casi todo el mundo. Los problemas de comprensión pueden darse con el léxico común (como sucedió en la trifulca que se montó no hace tanto en un Parlamento regional por haber tomado alguien *inaudito* como una afrenta), pero el riesgo de no entenderse se multiplica cuando se opta por el aldeanismo y el «cortijismo» de lo que «en mi pueblo se dice...», pues los particularismos no solo no ayudan precisamente a facilitar el diálogo. Y ya se sabe que de ahí al «rechazo» del interlocutor hay un trecho corto.

La pasión por lo «local» llega a veces a casos extremos. En el *Tesoro léxico de las hablas andaluzas* (2000), figuran como «propias» de la Sierra de Cazorla «regolver» y «regolvidura» [*sic*, con la -d-], pero, mientras el verbo aparece con las mismas acepciones de *revolver* en el diccionario común ('remover, desordenar'), el sustantivo se define como 'lo que se vomita'. Y siempre hay quien va más lejos, como en el vocabulario (?) de no recuerdo qué localidad, en la que (el autor se jacta de ello) se distingue entre *regorvé* 'doblar la esquina' y *regorbé* 'vomitar'. Como no creo que sus hablantes pronuncien la *v* (sería toda una sorpresa), ¿cómo los diferencian?

Los caminos de la lengua son –recurro a adjetivos– *inescrutables*, pero hay quien se empeña en hacerlos, además, *inextricables*, probablemente sin mala (ni buena) intención. ¿Quién puede desenredarlos, es decir, conseguir que dejen de ser *intrincados* y *confusos*? El lingüista, desde luego, no.

19-09-2023
Divino tesoro

En el foro de debate «Presente y futuro de la juventud en Andalucía», organizado por la Asociación *Nuevo Diagnóstico de Andalucía* (NDA), el único «no (muy) joven» de los cuatro que constituían la mesa empezó diciendo que nadie puede ser «experto» en ese «tema» (?), y no (solo) porque la *juventud* sea una «enfermedad que se cura con el tiempo».

El retrato que fueron dibujando los otros tres no invitaba al optimismo, y no quedaba del todo claro que estemos ante la generación mejor preparada de la historia. Se insistió en que la escolarización y la educación no necesariamente garantizan una formación que permita superar los avatares que aguardan a quienes tienen «toda la vida por delante».

Hoy los jóvenes –se dijo– apenas ven la televisión, no escuchan la radio, sufren las consecuencias nefastas [*sic*] de las nuevas tecnologías... ¿Y leen? Tras las lecturas «obligatorias» como estudiantes, no mucho, y casi nada la prensa. Todos coincidieron –¡faltaría más!– en que, si bien «no todo está en los libros», entre [poder] elegirlos y –como ocurría en Andalucía hasta no hace tanto– ser analfabeto, hay una distancia sideral. Pero, más que *cuánto* y *qué* leen (en pantallas, más que en papel), importa *cómo* lo hacen, de lo que casi nada se dijo.

Los asistentes sabíamos que no íbamos a descubrir ningún nuevo Mediterráneo, pero nos sorprendió que no hubiera coincidencia ni siquiera en algo a lo que se hizo referencia en todo momento, y que podría resumirse así: mientras unos (pocos) inician sus estudios –de grado, incluso de «doble» grado– cuando simplemente les llega la edad, pueden dilatar la estancia en la universidad todo el tiempo que necesiten o deseen, y suelen acabar como ejecutivos de una empresa, otros (muchos), viven una etapa –más o menos larga– como aprendices o «becarios» «mileuristas» (algunos, ni eso) que no pueden emanciparse y han de «resignarse» a prolongar *sine die* su permanencia en la casa familiar.

De manera que el diálogo se centró, más que en los problemas específicos de un «tramo de edad» (¿entre los 20 y los 34 años?), en la desigualdad que deriva de los recursos económicos de la familia, del distinto entorno social y cultural, de las diferentes posibilidades de acceso a actividades de ocio... Cierto que los jóvenes actuales no tienen por qué «reproducir» la juventud de la generación de sus padres, muchos de los cuales (no todos, ni mucho menos) habíamos resuelto –mejor o peor– a una determinada edad el problema laboral, éramos propietarios (o íbamos camino de serlo) de una vivienda, estábamos formando una familia... Y me pareció que no les servía de «consuelo» saber que la trayectoria vital no se reduce, ni mucho menos, a eso.

Alguien los tildó de «individualistas». Pero ¿acaso no lo fuimos quienes hemos dejado de ser jóvenes?; ¿no seguimos siendo (igual de) «insolidarios»?

Nadie abordó la pregunta por la que siempre hay que empezar: ¿Por qué? ¿Cuáles son las razones de su desinterés por la política, de su escasa participación en las organizaciones sindicales, de «pasar» olímpicamente de las asociaciones de la ahora denominada «sociedad civil»…, sobre lo que se estuvo machacando durante más de dos horas? Se recordó, por ejemplo, que en el Parlamento andaluz no hay más que dos representantes con 29 años. Ignoro el número de candidatos de tal edad que han resultado elegidos en los recientes comicios municipales y autonómicos y en las pasadas elecciones generales. Pero ¿qué pasaría si pronto llegara el caso de que la mitad de los más votados tuvieran 28 años o menos?

La juventud será un «tesoro», pero de «divino» nada tiene. Es tan *humana* como las demás fases de la vida, y, como en todas, hay que aprender a «madurar» o «seguir madurando», si bien en la edad juvenil «toca» encauzar de un modo dinámico distinto el extraordinario impulso creador que se manifiesta como inconformismo. Lo único claro es que no hay que añorar supuestos «paraísos» perdidos. Las vivencias (la *vividura*, personal y colectiva, de que hablaba Américo Castro) de quien esto escribe, que pasó la infancia —sin coches, sin teléfonos, también sin escuela— en el municipio sevillano de Martín de la Jara a mediados del siglo pasado, *nada* tiene que ver con la de las generaciones actuales. Ni siquiera coincide en algo tan «perdurable» como la forma de expresión, porque los pueblos de la Andalucía rural de entonces ya no son lo que eran, y participan de bastantes de las posibilidades abiertas en la actual sociedad «urbana». Tras esa etapa «pueblerina», he vivido en ciudades como Granada, Córdoba o Sevilla, y en alguna gran urbe, como Madrid, a la que llegué con apenas 22 años, la edad de quien intervino (muy bien) en el foro propiciado por la NDA, y que se quejó —con razón— de la precariedad laboral (lo ilustró con el caso de un amigo licenciado en Derecho, empleado actualmente en una hamburguesería), de la situación de los «ninis», de las políticas que se limitan a «subsidiar» para ir tapando carencias…

De lo que estoy seguro es de que la pertenencia a una «clase» social ya no va a condicionar ni vertebrar el destino de los jóvenes. A lo mejor soy un optimista.

01-07-2024

Palabras de jóvenes

En el Prólogo al *Diccionario del léxico juvenil en España*, de la profesora de la Universidad de Madrid M.ª L. Regueiro, confiesa G. Salvador sentirse «desalentado» ante la «miseria idiomática» de unos jóvenes que se valen de unas cuantas interjecciones y palabras para casi todo. Y da la impresión de que la autora comparte tal parecer en su extenso «Acercamiento al léxico juvenil español», que antepone a las más de 2000 entradas de la obra. En realidad, lo que debería importar es el empleo real que de cada expresión se hace. Ignoro cuál es el de OMG (<*Oh My Good*) o el de OMW (<*On My Way*), el de *ordenata* y *ordeñador* [*sic*]... –para referirse al 'ordenador'–, el de *outfit* (expresión del inglés para denominar la elección de prendas de vestir)... O el de *huevo(s)*, *huevada*, *huevamen* y *huevón* (calificadas de vulgares y malsonantes), que llenan tres páginas completas, con que me topo al abrir el libro al azar. Pero parece que no todas, ni mucho menos, son exclusivas de la juventud. También a los mayores «se nos va la olla» de vez en cuando. Y no son pocos los jóvenes que ni siquiera conocen bastante de lo aquí recogido, y hasta es posible que algunos de los «informantes» no se sirvan de otro registro que del propio de la conversación entre colegas, e incluso formen parte de esos *fumatas* (o *fumetas*) habitualmente *fuma(d)os* que aquí se definen, etc.

No sé cómo se realiza oralmente algo como «*lmk*» (*let me know* 'hazme saber'). Y sorprende que muchas expresiones de este vocabulario del «hablar» no se encuentren en el *Diccionario del español* **coloquial**, de A. Ramos y A. Serradilla, en el que, en cambio, sí figuran, por ejemplo, numerosísimas locuciones formadas en torno a verbos como *estar* y *dar* (*dar un braguetazo, dar la lata / un sablazo, darse por vencido / con un canto en los dientes*, etc.) y muchas otras (*está a años luz, está zumba(d)o / que echa chispas / que se sube por las paredes, la has caga(d)o, hacer el canelo*...), ausentes en el diccionario juvenil, no está claro si por considerarse todas de uso general y común.

Menos llama la atención que en este léxico no aparezca ni una sola de las casi 4500 nuevas incorporaciones admitidas recientemente en el diccionario académico, obra en que ninguna de sus más de 450 marcas indica que un vocablo (o alguna de sus acepciones) es «propio» de los jóvenes. Pese a tratarse de una generación muy «familiarizada» con la lengua «del imperio», no se recogen anglicismos crudos, como *aquaplaning* ('esquí acuático sobre una tabla') o *bobsleigh* ('descenso de varios en un solo trineo a gran velocidad por una pista peligrosa'), prácticas que precisamente requieren fuerza, osadía e incluso temeridad, todos acogidos por las instituciones académicas. Es verdad que tampoco está *sexting* (¿por ser el 'intercambio de imágenes o mensajes con contenido sexual explícito' algo al alcance también de los no jóvenes cómodamente sentados en el sofá?), pero sí *balconing* 'saltar a la piscina de un hotel desde la terraza de la habitación', práctica descabellada que, esperemos, no tarde en desaparecer.

El peso específico que se suele atribuir a los votantes que se encuentran entre los 18 y los 30 años (no siempre se aclara si *las* jóvenes cuentan en el grupo del voto femenino o en los dos) en los comicios electorales no tiene mucho que ver con la incidencia que se les atribuye en la constante tendencia a la in-/re-novación de los usos idiomáticos. No porque la juventud sea una «enfermedad» que el paso del tiempo se encarga de sanar, sino porque su singularidad al hablar se limita a acuñaciones pasajeras o efímeras en muy escasos campos referenciales. No estoy al tanto de si está pasando de moda «irse de *botellón*», dadas las múltiples formas de reunirse para beber sin freno, o de si se continúa llamando «maderos» a los policías y empleando «jipar» (figura como andalucismo) para 'vigilar'. Tengo mis dudas de que siga siendo intenso el uso de *cani*, que figura como sinónimo de *macarra*, *chani* (o *chano*), *quinqui*... Ninguna tengo, sin embargo, de que abusar de «hijo (de) puta» o «de puta madre», llamar *callo* o *cacatúa* a la mujer poco agraciada, referirse a la borrachera con vocablos varios (*manga, melopea...*), preferir *palmar* a *morir*, soltar a cada paso que se está «hasta los mismísimos» o «hecho polvo», sustituir los superlativos con «muy» y terminados en *-ísimo* por prefijos como *super-, hiper-, mega-* o por sustantivos como *mazo, chollo* o [*me mola*] *cantidad*, etc. etc., no suponen un fortalecimiento y una mayor proyección internacional de una de las (pocas) lenguas de cultura del mundo.

Conviene insistir en que la mayor parte de lo recogido en este «diccionario» es compartido por quienes hace tiempo dejaron de ser jóvenes. Hablantes de todas las edades recurren a *coño* continuamente, y no para designar la vulva femenina, para lo que –consta en este vocabulario *juvenil*– se cuenta con *conejo, chichi, chocho, chirri, chumino...*

La *vitalidad* de la lengua no depende de la energía *vital* de que se disfruta en esa fase de la *vida* en que un vocabulario reducido más bien «empobrece» la competencia comunicativa, en que se pretende «significar» cualquier cosa todo con «mogollón» –que, en realidad, (casi) nada significa–, «resignificar» la voz *zorra* mediante una canción pegadiza, etc. Nada tiene que envidiar la capacidad de matizar que se alcanza en la comunicación de la etapa otoñal a la primavera juvenil en que la conversación discurre por caminos trillados y las palabras no perfilan ni discriminan casi nada.

Que el «desaliento» del prologuista de la obra no nos contagie, porque en este léxico «juvenil» no queda retratada, ni mucho menos, *toda* la juventud.

IV
PALABRAS QUE NO SE LLEVA EL VIENTO

18-12-2023
¿Las palabras «empoderan»?

Casi al mismo tiempo, recibo una invitación de la delegación andaluza de *Talento para el futuro* para participar en un seminario sobre «El dialecto andaluz como herramienta de empoderamiento», y otra de una emisora radiofónica para intervenir en un debate acerca de las casi 4400 nuevas incorporaciones en el diccionario académico (*alien, georradar, regañá, videoarbitraje* [VAR], *cookie...*, *línea roja, masa madre*, [guiso] *viudo* –sin ingredientes que le den sabor–, *pico* 'colín de pan pequeño'...), una cifra que no debe asombrar, pues se hacen seis enmiendas a diversas acepciones del verbo *acoger*, cuatro correcciones a las de *frenético*, otras tantas matizan *peronismo* o *neoconservador*, etc. No me fue posible –y bien que lo sentí– atender ninguna de las dos, que considero iniciativas –y preocupaciones– que algo tienen en común.

Los arrinconamientos y las irrupciones de las palabras se producen, en general, por el juego constante entre lo necesario, lo prescindible y lo inservible. Para comprobar que no envejecen como las personas (no padecen artrosis ni sufren pérdidas de memoria), sino que simplemente dejan de ser útiles y van cayendo en desuso, basta abrir por cualquier página el *Tesoro léxico de las hablas andaluzas*: ¿cómo no iban a quedar fuera de la circulación *entasmar* «endurecer el piso de la era», *entejón* «tentemozo pequeño que, fijo en la lanza de la carreta, sirve para atar el sobeo del yugo» y miles más?

El verbo *empoderar* fue admitido hace apenas una decena de años por la Academia, que lo vincula al inglés *empower*. Empeñarse en el *empoderamiento* (formado, como tantos otros –*consentimiento, sobreseimiento...*– con una preposición antepuesta y un sufijo pospuesto al núcleo *poder*) de la[s] modalidad[es] andaluza[s] supone reconocer que se encuentra[n] entre las «desfavorecidas» del español. ¿Cómo lograr que se sitúe[n] entre las «poderosas» o con «poderío»? Poco cabe hacer en el terreno gramatical, ya que «¿*uhtede* también se *vai*, o se *vai* a quedá un poquito máh conmigo?», uno de los escasos fenómenos que se aducen como propios, solo se oye en boca de una parte de los hablantes de las provincias occidentales, y no goza de prestigio. Tampoco sirven los rasgos fonéticos, pues ninguno es practicado por todos los andaluces. Ni los que pronuncian *pasiensia* (menos del 0,5 % del total de los hispanohablantes *seseantes*) ni los muchos más que no igualan (igualamos) *sesión* y *cesión* se jactan de hacerlo, y no pocos de los que dicen *ceción* para ambos casos terminan abandonando el *ceceo*. No queda, pues, más que el léxico. Poco importa que ninguna de las «novedades» introducidas en el diccionario académico esté marcada como «andalucismo», y sí que los particularismos o localismos no caídos en desuso difícilmente pueden *empoderar*, al tener limitado su empleo a una zona o comarca de Andalucía.

Las expresiones que de verdad podrían *empoderar* –pero a cualquier hablante de español, no únicamente a los del sur de la península– son aquellas que contribuyen a hacer más precisa y eficaz la intercomunicación, las que mejor se ajustan al propósito del emisor y son comprendidas sin problema alguno por los receptores, en los que, además, pueden abrir (especialmente en la literatura) un abanico de inagotables relaciones semánticas.

Pero no nos engañemos. Por sí solas, las palabras *no empoderan*. Además de atinadamente seleccionadas, han de ser engarzadas –al hablar o por escrito, y no da lo mismo– en moldes constructivos, que son los que, a la postre, proporcionan el cabal sentido. El *poder* de una lengua no emana de sus singularidades dialectales, sino de factores económicos y políticos que la proyectan internacionalmente, algo que descansa en lo compartido por todos o la mayoría de la comunidad que la habla. No por casualidad el inglés se ha convertido en vehículo de comunicación universal.

Que la *fiambrera* se viera desplazada por la *tartera*, y que esta no resista la competencia del *táper* (otro anglicismo), o el que hayan desaparecido las *talegas* ante la irrupción de las *bolsas* (de plástico) no ha *empoderado*, que yo sepa, nada ni a nadie. Si no van a emplearse con más frecuencia novedades acogidas como *hormonación* o *presoterapia*, si nadie va a sentirse *empoderado* por usar *big data* o *aquaplaning* o por agregar un género *no binario* a los dos de toda la vida, ¿por qué va a *empoderar* el empleo de supuestos «andalucismos» que, además, suelen pertenecer a campos léxicos (labores agrícolas, tradiciones...) situados en el polo opuesto de las «novedades» que suele acoger el diccionario «oficial»?

Es más, *empoderar* no figura en el *Diccionario esencial* de la propia institución académica ni, por supuesto, en ninguno de los que prestigiosas editoriales (Anaya, Santillana, SM...) ponen al servicio de los escolares, porque no forma parte del léxico disponible del hablante «medio» ni se considera relevante en la labor docente. Tampoco está «poner en valor», por más que del giro abusen los políticos, no tanto para *empoderarse* como para *epatar* «causar asombro y admiración». Y, *empodere* o no, otro galicismo, *va de soi*, se aplica en nuestro idioma para referirse a lo que, por evidente, resulta *de cajón*, como casi todo lo que acabo de decir.

01-09-2010 (*El Mundo*)
De muslamen y otros especímenes

No es frecuente que los medios de comunicación se ocupen de los usos lingüísticos. Solo las «novedades» atraen su curiosidad, especialmente cuando suscitan controversia y polémica, algo que sucede a menudo, ya que, al llevar todo el mundo siempre la lengua «puesta», cualquiera se siente, no ya legitimado para opinar sobre ella, sino con derecho a «pontificar». En los pasados días veraniegos, en que se aparcan las preocupaciones, la chispa saltó con la entrada en la próxima edición del diccionario académico –ya no responsabilidad exclusiva de la RAE, sino de la Asociación de Academias de la Lengua Española (ASALE), más de veinte– de varios miles de expresiones que se han aceptado y ya están en la edición *on-line*. Unas pocas han llamado particularmente la atención: *cultureta, rojillo, meloncete, buñueliano, ambientalista, obrón, festivalero, grafitero, antiestrés, anticelulíticos*... ¿Nuevas? No del todo. Con esos y otros prefijos y sufijos (ya estaban, por ejemplo, *cubata* y *bocata*) se habían admitido con anterioridad *careta, panceta, receta, cubeta...; escardillo, pardillo, bordillo...; articulista, documentalista...; cajón, copón...; alfarero, manijero...: antideportivo, anticonceptivo...* y muchísimas más.

Las razones −más o menos convincentes− por las que se han ido admitiendo algunos de los innumerables derivados (también de los compuestos), aumentativos, diminutivos, despectivos, superlativos..., que pueden leerse en las «Advertencias» iniciales de la propia obra académica, no necesariamente tienen que ver con su más o menos frecuente uso, ni con que el significado «sea claramente deducible» a partir del que tienen el núcleo y el afijo. Es más, se afirma explícitamente que el que no esté «un derivado o un compuesto posible *no* implica su ilegitimidad».

En todo caso, lo «noticiable» debería ser que la(s) Academia(s) haya(n) decidido «abrir la mano» o «tener manga ancha», pues ello contraviene parcialmente algunos de sus propios criterios, incluido el primero de todos, la defensa de que, «ante la imposibilidad de registrar *todo* el léxico del español», hay que limitarse a recoger el «general y común», y «una representación del más extendido».

La labor lexicográfica académica es ardua, ha de pensar no solo en los cerca de 600 millones de hispanohablantes (nueve de cada diez de los cuales viven al otro lado del Atlántico), sino también en los muchos más que, sin tener el español como lengua materna, consultan continuamente el diccionario. Es un trabajo en el que no debe haber precipitación, pues no pocas de las innovaciones tienen una vida efímera o son empleadas en un círculo o grupo más o menos reducido.

Alguien podría pensar que la RAE, para sacudirse el sambenito de institución rancia y desfasada, quiere ponerse «al día» sin perder más tiempo. De hecho, su secretario ha hablado de la necesidad de «reflejar la viveza del idioma» y de «seguir el ritmo de la sociedad». Pero un organismo que se jacta de cumplir su función de notario no puede pretender atrapar con las palabras el vertiginoso movimiento social actual. Al contrario, ha de actuar con cautela, saber esperar, para que no se «cuele» lo fugaz o pasajero, y cribar los particularismos que apenas alcanzan difusión. No sé si *meloncete* 'muchacho poco avispado', uno de los acogidos −con el mismo sufijo que *meoncete, cabezoncete...*−, tendrá éxito o no. Tengo mis dudas de que triunfe *muslamen* −destacada como la joya de la corona de la tanda de voces que han recibido el visto bueno−, que tampoco es un «invento», pues cuenta con el modelo de *espécimen, cacumen...* ¿Por qué no se han abierto las puertas a *tetamen*, que también se oye, u oía? Es posible que, por temor a los que están a la caza y captura de muestras de «machismos» en el diccionario, no se haya querido subir más arriba de los «muslos», que tenemos todos los humanos. Pero lo cierto es que sigue sin entrar *hembrista*, que algunos echan de menos.

Permitir el paso a unos términos y no a otros debería ser el resultado de un proceso «democrático», en el que, además de comprobar si son muchos o pocos los que los utilizan, habría que especificar si de ellos se sirven exclusivamente los de una región o zona del inmenso mundo hispánico, si solo afloran en situaciones de comunicación en que dominan la confianza y connivencia, etc., etc. He preguntado sobre *muslamen* a personas de muy distinto origen y formación diversa, y las respuestas, parecidas, coinciden en una intención sospechosamente distanciadora: «yo no lo digo, pero sí lo oigo», «antes se oía más, ahora no tanto». Si esto último fuera cierto, la Academia se habría subido a un tren al que le queda un corto recorrido.

Algunas de las «adquisiciones» parecen fruto más del empeño de alguien en particular que de una discusión reflexiva de los miembros de una comisión. Es el caso del adjetivo *buñueliano* (de no fácil pronunciación, por cierto), para referirse al «estilo» del cineasta L. Buñuel. Menos mal que no se multiplican las iniciativas de ese tipo, pues, con no menos razón, algún académico podría haber abogado por *fernangomeciano*, ya que F. Fernán Gómez fue miembro de la RAE.

Aunque en su mayor parte marcados tipográficamente, el *Diccionario* se está llenando de anglicismos crudos: *light, casting, hall, top-less, sexy, stock, ranking, marketing...* Y van a seguir entrando, aunque no siempre sean «necesarios». Parece que la creciente difusión (no sin dudas y debate) de *correo electrónico, página electrónica*, etc., acabará frenando *e-book*. Los ejemplos podrían multiplicarse fácilmente.

De ingente ha de calificarse la tarea que llevan a cabo la RAE y las demás Academias de la lengua en estos últimos años. El usuario no acaba de tener conciencia clara de lo que supone haber llegado a consolidar una *Ortografía* única común, y deberían pensarlo dos o tres veces quienes arremeten contra las {h} mudas o quieren acabar con la diferencia entre {b}/{v} o entre {g}/{j}. Y aunque el inmenso esfuerzo que ha supuesto la redacción de una nueva *Gramática*, igualmente panhispánica, no vaya a tener incidencia inmediata en el uso de los hablantes, se trata de un texto admirable [una segunda edición ha salido en 2025]. No todos acaban de entender del todo la voluntad de «engordar» el *Diccionario* a base de acoger vocablos de los que se valen unos pocos y cuyo significado casi nadie va a querer comprobar.

Aunque los usos idiomáticos no van a ser sancionados más que, si acaso, socialmente, con ellos, como con el comer, no se juega.

23-04-2022
Hacer el amor, sin querer

Un monumento habría que erigir a todo el que, en solitario (María Moliner) o en colaboración (Manuel Seco contó con Olimpia Andrés y Gabino Ramos), se lanza a la aventura titánica de elaborar un diccionario. Porque, si toda lengua varía sin cesar, ¿cómo *atrapar* ('fijar') el significado de las palabras? El sentido emana del uso, sí, pero ¿por qué al lector ha podido chirriar el de *sin querer* del título que he colocado al frente de este escrito, y no en tantas otras ocasiones en que decimos «ha sido sin querer» (sin 'ganas' ni 'voluntad')? ¿Por qué ya casi no «extraña» la ausencia de complemento del verbo en *derecho a decidir*, que igualmente lo requiere?

Pero no, no voy a hablar del *amor*, sentimiento del que en el *Diccionario* académico figuran una docena de acepciones y una veintena de frases más o menos «hechas» (desde *amor libre* o *amor propio* hasta *con/de mil amores* y *por amor de Dios*), y podrían ser muchas más. Me voy a limitar a algunos de los numerosos esquemas constructivos –con distinto grado de fijeza– de los que forman parte, además de *hacer*, muchos otros verbos que apenas imponen condiciones restrictivas para combinarse. De manera que, al lado de *hacer fortuna, hacerse el tonto, hacer de menos, ¡buena la has hecho!...*, y de *hacer el amor*, que hoy suplanta a menudo a los no pocos verbos de que dispone el español para referirse a lo mismo, son numerosos los giros o locuciones en que se quiere destacar la expresión que los acompaña. Ya en la Edad Media se atestigua *soy sabidor* 'sé, conozco'. Se puede *tener* o no *fe, mucho dinero* o *inmensas deudas, dar saltos* ('saltar') *de alegría...* Son muchos los que *ponen verde* ('censuran acremente') a alguien, y no solo los políticos *ponen en valor* casi todo, en vez de *valorarlo, valorizarlo o resaltarlo.* Seguir el proceso por el que a *sacar* se han ido soldando *tajada, ventaja, adelante, de quicio...*, requiere examinar caso por caso, sin que sea posible encontrar un hilo conductor común. En pocas líneas de la colaboración periodística que tengo delante encuentro *tomar prestado, asegurar el abastecimiento, fomentar la interconexión, reducir el precio, sumar esfuerzos, identificar las potencialidades, resultar posible ...*

No es fácil casar tal tendencia con la inclinación –en apariencia contraria– a encapsular en un núcleo verbal el objeto o complemento. Se dice continuamente que es necesario, y urgente, dejar de *tensionar* la ya insoportable situación en nuestro Congreso o en Ucrania, *topar* los precios de los carburantes y *desacelerar* (al menos, impedir que se llegue al «crecimiento negativo» [*sic*]) el coste de la vida; se discute acerca de si estaba *guionado* ('preparado, previsto de antemano') o no el bofetón arreado por el actor Will Smith al presentador de la gala de los Óscar, o de si ha llegado el momento de *gripalizar* ('tratar como una gripe') la pandemia que nos amargó la vida más de dos años...

En realidad, no compiten tan dispares inclinaciones. Aparte de que no todos los usuarios, ni mucho menos, tienen necesidad, ni ocasión, de decantarse por una u otra, ni siquiera los que lo hacen optan en idénticas situaciones comunicativas por la «descomposición» de *molestar, importunar* o *fastidiar* en *dar la lata* (o *el coñazo*), ni se deciden por *facilitar* las cosas, en vez de *ponerlas (más) fáciles,* por *desacoplar* –no simplemente «separar»– los precios del gas y de la electricidad...

¿A dónde quiero ir a parar? A que son numerosas las formas de *sacar partido* (o *provecho*) y *obtener beneficios* (dos frases «descompuestas» más) de los usos lingüísticos, y el hablante ha de procurar, por la cuenta que le trae, *dar con la adecuada* (otra más) en cada ocasión, para ser eficiente al máximo. No basta atinar con la de «significado» más preciso, hace falta acertar a la hora de usarlas. El receptor tuerce el gesto cuando oye *doblegar la curva*, tanto para referirse a las cifras de contagiados y fallecidos por el *coronavirus* como a la inflación que ha contribuido a acentuar. No es habitual que en una conversación cotidiana alguien se jacte de *haber hecho el amor* en una casa de «citas». Pero en la *inadecuación* se puede incurrir con cualquier tipo de expresiones, por ejemplo, cuando un dirigente político acusa públicamente a otro (o al Gobierno en pleno) de haberse *forrao* a costa de los contribuyentes, pues tendrá que atenerse a las consecuencias de tal reproche, si no se confirma.

Los usos idiomáticos no cambian la realidad, pero pueden ayudar a frenar prejuicios y propensiones o preferencias no adecuadas. En las tres jornadas del debate celebrado recientemente en Sevilla sobre «¿Monarquía o República?» dos de los participantes más aplaudidos fueron los que llegaron a la conclusión de que lo que tenemos es una *monarquía federal* o una *república coronada*. Precisamente por ser la lengua *común* de todos, no puede cada uno hacer el uso que le «venga en» o «dé» la gana, sin ajustarse a lo colectivamente pactado para mejor lograr el propósito inter*comuni*cativo perseguido. Vamos, que nadie debe *sacar los pies del tiesto* (o *del plato*) ni, mucho menos, *meter la pata*.

05-02-2022

«No, sí, si yo te creo...»

En su libro *Semántica de **creo***, M.ª A. Soler Bonafont se ocupa del empleo en la conversación coloquial y en el debate parlamentario de tal forma de *creer,* verbo que califica de *doxástico* –no busquen la palabra en el *Diccionario*– y define como 'relacionado con las creencias individuales', lo que, la verdad, no aclara gran cosa. No *creo* (ya ven lo pronto que he de recurrir a ella) que otros se animen y se sucedan las monografías acerca de ¡*eso es lo que tú te crees*! o ¡*qué se habrán creído*! Aunque quién sabe. De todos modos, antes de que la lectura atenta de sus ¡350 páginas! modifique o incida en mis «creencias», comparto con los lectores las reflexiones que siguen.

Cada vez que alguien nos replica con *creo*, precedido de un *no*, de un *sí* o de ambos (*no, sí*), más un *si* (átono) «condicional», nos ponemos en guardia. Porque, tras una (breve) pausa –trampolín para tomar impulso–, vendrá ese esperado *pero* que va a destruir o rebajar el *crédito* que parecía concedernos: *no, sí, si yo te creo, pero lo que (yo) digo es que...* ¿Por qué, para hacernos ver cuán equivocados estamos, el interlocutor, en lugar de decir, sin rodeos, que no opina lo mismo –más bien [todo] lo contrario– se vale de tan farisaico «preámbulo»?

Decía Horacio que el único «árbitro, juez y dueño en cuestiones del lenguaje» es el *uso*. Le faltó añadir que, precisamente por eso, y por ser muchos los usos, las lenguas no cesan de variar. No se trata de que las expresiones se *desgasten*, como las suelas de los zapatos, algo que no ha ocurrido ni con *haber*, que dejó de emplearse para la «posesión» (no en francés, *avoir*, ni en italiano, *avere*), y se ha limitado a servir de auxiliar (*han comido*) o como impersonal (*no hay pan*).

No basta, pues, con comprobar la «erosión» semántica sufrida por *creer*, desde el originario 'dar por cierto algo no comprobado ni demostrable', hasta el mero juicio conjetural, no objetivamente fundado (el subjetivismo en los discursos de los representantes políticos es superior al de la conversación coloquial). Está claro que *creer* se ha ido disociando de la *fe* (hasta el papa Francisco *confesó* haber tenido a lo largo de su vida no pocas crisis), que –como la *esperanza* y la *caridad*– para la religión católica es virtud teologal, es decir, tiene que ver solo con Dios. Del verbo *creer* «ab-usan» por igual *creyentes, no creyentes* e (*in*)*crédulos*, y a todos cuesta «Dios y ayuda» ganar *credibilidad* y lograr la *confianza* y *fidelidad* de los demás.

Vuelvo a la pregunta. Si los lingüistas escriben miles de páginas sobre *atenuación* y *cortesía*, es porque, aunque hoy ya no se estudie *urbanidad* en la escuela, nos pasamos la vida intentando que el receptor no se sienta «atropellado», no tanto por generosidad como por egoísmo, pues estamos seguros de obtener mayor rentabilidad. Y, si no, ¿por qué el mendigo pide «una limos*nita*, por el amor de Dios» y todos recurrimos al «potencial» para decir «me gust*aría* que me dijeras si estás a gusto conmigo»? Si la familiaridad no es total, un «¿podrías [por favor] estar aquí no mucho después de las tres?» resultará más efectivo que el brusco «te quiero aquí antes de las tres». Cualquier conversación (hasta cuando se habla del «tiempo» para «matarlo»), puede terminar en una especie de contienda en que cada uno quiere atraer a su terreno al otro. Nadie da por perdida de antemano la batalla con que buscamos mover el ánimo del receptor a nuestro favor, «ganárnoslo».

Todo eso hacemos cuando damos la razón (*te creo*) a alguien, para inmediatamente quitársela, o rebajarla.

El lenguaje es arma eficaz (poco coste y no pequeños beneficios) para *a-**poder**-arse* de la voluntad ajena (con tres o cuatro palabras machaconamente empleadas alguien ha podido alcanzar la presidencia de los Estados Unidos, el país más **poder**-oso del planeta), para *em-**poder**-ar* (en una de sus acepciones prestadas) a un sector de la sociedad (intentar acabar con el binarismo genérico por medio de la acuñación de *todes les niñes* o la «sustitución» de *patria* por *matria*), para arrastrar a alguien al restaurante preferido o a ver una película que nos gusta, etc.

En los usos idiomáticos aflora lo mejor y lo peor del ser humano. Elevan el pensamiento filosófico y la literatura a lo sublime, y contribuyen a desencadenar guerras en que millones de jóvenes pierden la vida. La llave para erradicar esto último y potenciar lo primero hasta el infinito se encuentra en la enseñanza. Ninguna «política educativa» es posible si no se privilegia la instrucción lingüística. Cualquier quiebra o freno del progreso de la capacidad lingüística y comunicativa supone el retroceso de los individuos y de las sociedades, y de ello acaban aprovechándose los que sí cuentan con resortes –no solo lingüísticos– de control e imposición.

Múltiples *disneylandias* pretenden hoy vender «felicidad» al margen de la facultad específicamente humana que permite comprender y hasta crear la realidad. No es que lo *crea*, es así.

12-02-2024

De «inútil total» a «disminuido», «discapacitado», «de movilidad reducida», «con capacidades especiales»...

Mientras los españoles estaban pendientes de la salida del «Gordo» el 22 de diciembre de 2023, se anunció que Gobierno y oposición, tras meses de tira y afloja, y cuando parecía que ni unos ni otros estaban dispuestos a dar su brazo a torcer en nada, habían llegado, por fin, al acuerdo de sustituir la expresión «disminuidos» por «personas con discapacidad» en el artículo 49 de la Constitución, en el que se afirma que «los poderes públicos impulsarán las políticas que garanticen su plena autonomía personal e inclusión social». Lo que no acabo de entender es que se haya convertido en «noticia» destacable lo que muchos «tertulianos» en los medios de comunicación han tildado –con razón– de asunto meramente «simbólico».

Desde luego, lo que no supone es ninguna novedad. Por una malformación congénita en el pie derecho, se me «excluyó» –fui rechazado– de realizar el entonces obligatorio servicio militar (la «mili»), al ser declarado «inútil total» (conservo la certificación escrita, que en más de una ocasión he tenido que mostrar, para no ser tachado de antipatriota). Años después, me fue expedida por la Consejería de Igualdad y Políticas Sociales de la Junta de Andalucía la correspondiente «tarjeta acreditativa del grado [43 %] de *discapacidad*».

Calificar a alguien de «discapacitado» (el que sufre un «padecimiento» o «enfermedad» que lo *incapacita* total o parcialmente para el trabajo y tareas ordinarias de la vida») no es mejor que considerarlo «disminuido» (individuo con «merma, menoscabo o pérdida de lo [que se considera] normal»). Al menos, lo segundo no alude a las limitaciones de su actividad. Claro que las otras denominaciones que figuran en el título de esta tribuna no hacen más que empeorar las cosas, ya que *reducir* es casi sinónimo de *disminuir*, y calificar de «especiales» las «capacidades» de que se carece raya en un paternalismo hipócrita. En el lenguaje cotidiano, los hablantes no se van por la tangente y, además de disponer de uno o varios términos para cada caso concreto de «disminuido» (o «discapacitado») *físico* (*cojo*, *manco*...), se valen de no pocos (sobradamente conocidos) para referirse a los *psíquicos*. En el texto constitucional, por cierto, no se hace separación alguna entre unos y otros, ni, por supuesto, alusión al distinto «grado» de discapacidad.

La verdad es que ni la cruel calificación transparente de los mandos militares de hace años ni los pretendidos eufemismos para ocultar o tapar lo que no se quiere nombrar directamente de nuestros diputados actuales han incidido en mi trayectoria profesional. Más ha influido –como en todo el mundo– la merma de alguna(s) de las habilidades o aptitudes a lo largo del normal ciclo vital. Al contrario, además de la dicha que supone que la Casa de la Cultura y Biblioteca Municipal del pueblo sevillano donde nací (Aguadulce) lleve mi nombre, he tenido el reconocimiento (seguro que inmerecido) de instituciones públicas y de la ahora llamada –de manera redundante– «sociedad civil» por mi labor docente e investigadora, que, al estar centrada en el examen y explicación de los usos del idioma español, me da cierto «derecho» a tildar de *desatinado* ese continuo baile terminológico aplicado a quienes nacen o a quienes –por circunstancias diversas– les sobreviene algún «defecto».

La lengua no tiene la culpa de nada. Son los usuarios los que –la buena intención se les supone– recurren constantemente a expresiones política o socialmente «correctas» para mitigar o suavizar ciertas parcelas de lo real, aunque en muchos casos no se repare en los efectos indeseados que pueden provocar. Como la unicidad solo es aplicable a la *identidad* individual, todo lo que «marque» a un grupo, para «separarlo» de los [tenidos por] «normales», acaba suponiendo transgresión de la igualdad y/o la equidad. Tanto las etiquetas que recalcan cualquier «aminoración» por medio de prefijos negativos (*dis-capacitado* o *in-capacitado*), como la pretensión de enmascararla a través de su transformación en supuestas «capacidades *especiales*», acaban por producir el rechazo de los bautizados por los diversos marbetes idiomáticos que se van acuñando, por lo que casi preferirían (preferiríamos) aquello de «¡virgencita, virgencita, que me quede como estoy!».

La «trascendencia» de la nueva versión del citado artículo constitucional ha sido celebrada (con calurosos aplausos en la sede del Congreso) por los dos partidos políticos mayoritarios, pero cada uno de ellos ha tratado de «apuntarse el tanto» en solitario. Y, ya puestos, todos han destacado, cómo no, el haber modificado, de paso, la frase «necesidades particulares de mujeres y niñas», que ahora queda como «necesidades específicas de las mujeres y los menores». Ojalá algo tan fácil como cambiar las palabras ayudara a terminar con la lacra de que más del 40 % de las mujeres con «discapacidad» sufren, además, maltrato y violencia de género.

Aunque el lingüista no tiene la menor intención ni deseo alguno (tampoco la posibilidad) de hacer de aguafiestas, está obligado a analizar críticamente y denunciar la utilización no apropiada de las expresiones, ya que *decir* siempre es *hacer*. Y ha de insistir en que ningún camuflaje lingüístico va a suplir los esfuerzos que requiere dar respuesta, sin conmiseración, a la reclamación de lo que es simplemente justo, no un privilegio.

10-04-2025
Me han llamado «desalmado»

En el diario de mayor tirada de España (25-2-2025), D. Innerarity, filósofo y ensayista al que no hace falta presentar, afirma que «solo un *desalmado* puede considerar innecesaria la sustitución, por fin, en el texto constitucional de la denominación *disminuidos* por *personas con discapacidad*, y dejará de lamentar que hayamos tardado tanto en tomar conciencia del desprecio que se contenía en la primera expresión». Se refiere a uno de los contadísimos cambios (y casi el único con clara proyección social) introducidos en nuestra Constitución, tras cerca de medio siglo de su aprobación.

Sus impulsores no se han percatado, sin embargo, de que precisamente a *discapacitado* remite el *Diccionario* académico en la entrada *minusválido*, voz hoy casi proscrita, si bien no totalmente fuera de la circulación. Como tampoco lo está *subnormal* ('con capacidad intelectual *notablemente* inferior a la normal'), hoy habitual insulto. Y es que la definición de *discapacidad* no es para que los que la padecen den saltos (los que puedan, claro) de alegría: «situación de las personas que, por sus condiciones físicas, sensoriales, intelectuales o mentales duraderas, encuentran dificultades para su participación o inclusión social, y casi *in-capacita* para llevar una vida 'normal'». Además, la decisión de las Cortes nada tiene de novedosa: tengo en mi poder, desde hace bastantes años, la «tarjeta acreditativa del grado [43 %, en concreto, baremo de movilidad] de *discapacidad*», expedida por la Junta de Andalucía. Eso sí, nunca he sido ni me he sentido «excluido socialmente».

Indigna ser llamado *desalmado* por no estar de acuerdo con el trueque terminológico aprobado por nuestros representantes políticos. Porque, aunque no se sepa qué y cómo es el *alma*, ¡¿cómo no va a doler ser tildado de 'falto de conciencia, cruel e inhumano', que así se define *desalmado*?! El hombre está «programado» para ir asumiendo las sucesivas «mermas físicas y mentales» (eso es la «disminución») que sobrevienen en la trayectoria vital, pero no acepta –lo que ni siquiera es cierto– que cualquier anomalía implique la «*incapacitación* –total o parcial– para las tareas ordinarias» (así se define la *discapacidad*). De manera que, si poco, muy poco, gusta lo de *disminuido*, mucho menos agrada *discapacitado*, que supone una mayor «falta de reconocimiento y respeto». Y, se nos llame como se nos llame, ello no va a servir para rebajar la marginación. ¡Ojalá fuera tan sencillo!

Nunca es fácil dar con una expresión atinada. Algunas, como «personas de movilidad reducida», cuentan con la desventaja de que a ese sustantivo se recurre para camuflar realidades muy distintas (se habla de «movilidad exterior» para referirse a que nuestros jóvenes mejor preparados tengan que emigrar), y otras, como «personas con capacidades especiales», se aproximan a la ironía sarcástica. Casi todos los prefijos negativos a los que se recurre (*IN-útiles, IM-pedidos, IN-válidos, MINUS-válidos, IM-posibilitados, DIS-minuidos, DIS-capacitados, SIN-vergüenza...*) están entre los «*des*-aconsejados» en la *Guía panhispánica de lenguaje claro y accesible,* desarrollo de la *Red* académica de igual nombre, y no solo por acuñarse con ellos vocablos ajenos al hablante medio, como *displacer*, con el que se suele traducir el sentimiento de rechazo y casi doloroso que, según Kant, produce lo sublime. Y no hace falta llegar al extremo del presidente argentino, que se ha referido a los discapacitados como «imbéciles, idiotas, débiles mentales...».

La lengua no tiene la culpa de lo que con ella hacemos. Nuestros diputados y senadores, que llevan tanto tiempo «polarizados» («palabra del año 2023», para la FundéuRAE), han visto la oportunidad –cómoda, sencilla y sin coste, ni siquiera económico– de mostrar a sus votantes que no han perdido la capacidad de llegar a acuerdos y no han olvidado que siempre hay margen para el consenso, y, con habilidad, colocan una expresión en lugar de otra, lo que les permite seguir tirándose los demás trastos léxicos a la cabeza, como si nada hubiera pasado. No arriesgan mucho, pues es poco probable que, entre los afectados, *in-defensos* y habituados a ser rebautizados continuamente, aparezca algún «desalmado» que muestre su dis-conformidad.

Pues bien, aunque para nada sirva (la decisión ya ha sido tomada), aquí me tienen, «*dis*minuido o *dis*capacitado», pero «encolerizado», proclamando, no solo lo «in-necesario», sino lo *in*-apropiado (e incluso *in*-justo) de la sustitución nominal. No es solo un *des*-ahogo. Denuncio que podría haberse aprovechado el tiempo empleado en las discusiones hasta llegar a la casi unánime aprobación del nuevo calificativo en proponer medidas que resolvieran o atenuaran alguna(s) de las dificultades añadidas que tales personas tienen para desarrollar sus posibilidades. Y no pienso únicamente en las que facilitan el acceso a sitios que, pese a los indudables avances logrados, les siguen resultando *in*-accesibles. Es tanto lo que queda por hacer en favor de los que no pueden tener la vida que sin duda merecen que harían falta varias legislaturas –sin polarización– para encarrilar disposiciones que les permitan recuperar, si no todas, bastantes de sus «capacidades», algunas de las cuales solo necesitan *solidaridad*, palabra que debería ser, no «del año», sino de todos los días de todos los años.

Mientras los legisladores, en lugar o además de dedicarse a apodar una y otra vez a los que tenemos carencias, se ponen manos a la obra para aliviarlas (ya se verá lo que pasa cuando toque el turno, si llega, de los *in*-migrantes), ganas dan de gritarles que dejen tranquilo y en paz el idioma, que, si pudiera, gritaría lo de «Virgencita ¡que me quede como estoy!».

Anglicismos a tutiplén

Hace tanto tiempo que *fútbol* entró en el *Diccionario* académico (*balompié* no prosperó) que muchos ignoran que no es más que la adaptación de *football*. De uso habitual son numerosos términos derivados o vinculados al deporte «rey»: *futbito* (*futbolito* en algunos países sudamericanos), *futbolista, futbolístico, futbolín, futbolero* (*futbolizar* y *futbolización* en Argentina, Chile y Ecuador), *penalti* (con cambio de la *y* por *i* latina)... Es verdad que no ha faltado la reacción a favor de *saque de esquina* (*córner*, con tilde gráfica), *fuera de juego* (lo escrito *órsay* se distancia mucho de *offside*), etc.

Para referirse a las bebidas y alimentos sin demasiadas calorías y a los cigarrillos con menos nicotina, al correr al aire libre para estar más fuertes y atractivos, al hacerse una foto que haga envidiar a los amigos..., se recurre a *light, short, footing, sexy, selfie, whatsapp*... Y no dejan de propagarse *fake news*. De sobra saben los jóvenes (y no tan jóvenes) que resulta difícil desenvolverse sin la lengua dominante en la comunicación universal, la «del imperio», para algunos. De la boca de muchos, entiendan el inglés o no, salen con «naturalidad» *tuit* (y *tuitear*), *wifi, on-line, youtube*, [página] *web, coach, hacker, marketing, friqui, hall, hobby, gay, pendrive, flash, brunch* y un larguísimo etcétera. No sigo, porque cualquier lector (seguro que más de uno ya lo ha hecho), aparte de duplicar o triplicar el número, con solo pulsar una tecla en el ordenador puede obtener la lista de los centenares que figuran (eso sí, en letra cursiva) en el repertorio académico del español, en cuya edición digital siguen entrando muchos más. No se va a detener tal «invasión» porque haya culminado el proceso del *Brexit*, pues el inglés no va a dejar de ser el principal vehículo de entendimiento de los socios de la Unión Europea.

Aparte de su variopinta pronunciación por los hispanohablantes de unos sitios y otros, la velocidad con que se difunden tantos anglicismos «crudos» impide plantear su acomodación a las normas gráficas del español, lo que provoca no pocas dudas y vacilaciones. De manera que, además de incumplir el cometido de «limpiar» (lo de «fijar y dar esplendor» nunca lo pudo llevar a cabo), la Academia –ahora, *las* Academias– tropieza(n) continuamente con problemas de no fácil solución. No me refiero a que, por ejemplo, a la hora de formar el plural, aunque se haya llegado a tiempo de lavar la cara a *mítines* o *misses* (singular *miss*), no se sabe qué hacer con *light, look, test, chat, fan, stop, share* y tantos otros. Pienso en algo de mayor enjundia. Quienes aprendimos a escribir una lengua tan fiel a la fonética como el español nos vemos ahora «forzados» a hacernos con la a veces torturadora envoltura gráfica de centenares, miles, de expresiones prestadas por un idioma en que la distancia con la escritura nos resulta desquiciante.

Ahora bien, que tal esfuerzo añadido no sea plato de gusto para nadie no da la razón a los apocalípticos que todo lo rechazan. Sin bajar la guardia y sin dejar de oponerse a los anglicismos que están de más, hay que reconocer que no pocos son necesarios o nos vienen bien. Que al español no llegara ninguno, o muy pocos, sería señal de que uno de los contados idiomas de cultura del mundo no –o apenas– contaría en el panorama actual, cada vez más global(izado). Nada más lejos de la realidad.

Si las lenguas, cuya capacidad de digerir novedades es casi ilimitada, están *vivas* porque se usan, ¿por qué una parte de sus usuarios va a procurar frenar cuanto le chirría, sin ni siquiera detenerse a pensar si la incorporación tiene más ventajas que inconvenientes?

Y algo más. La introducción y difusión en todo o gran parte del dominio hispánico de unos mismos términos («extranjerismos» o no, pues *butifarra, faena, papel, clavel, cohete*..., son de origen catalán) contribuye, junto con el retroceso y caída de un buen número de particularismos (¡cuántos *andalucismos* han caído en desuso en los últimos decenios o quedarán pronto fuera de la circulación en nuestra Andalucía!), a fortalecer la homogeneidad y cohesión de la lengua.

No, no hay que tener aversión a cualquier novedad o incorporación. Los hablantes sabemos acomodar lo que nos llega y eliminar lo sobrante. El término *tutiplén* (latinismo TOTUS PLENUS, deformado), que llegó a ser de empleo tan coloquial como *a porrillo*, parece estar cayendo en picado. Y parece poco probable que prospere *bolero-feeling* [pronunciado «filin»], con que la cantante Martirio afirma haber logrado que por primera vez un aire musical regional entre en y se funda con el *jazz* ([yah], pronunció). Pero ya se ve que las expresiones foráneas que tienen «éxito» son como el rayo que no cesa. Y a nuestra lengua no le pasa nada, nada grave, quiero decir.

Gr(o)upi(e)s

Que un senador llamara en público «*groupies* del presidente» a[l «conjunto» de] las vicepresidentas despertó a los medios de comunicación del letargo en que estaban cayendo ante los casi rutinarios –por continuos– rifirrafes entre nuestros representantes en ambas Cámaras. Lo que me sorprendió fue la unánime reacción airada (*machista* fue el calificativo más suave utilizado), y no solo de las aludidas. Por lo que sé, tal anglicismo (no acogido, por ahora, en el *Diccionario* académico, pero que ya la Fundación del Español Urgente recomienda escribir *grupi[s]*) no se usa siempre como improperio. Sin llegar a la diversidad significativa de vocablos como *cani* (una vez pregunté en clase –último curso de Filología Hispánica–, y salieron a relucir casi tantas definiciones diferentes como alumnos), su valor más frecuente –el que lo aproxima a *fan*, acortamiento de *fanatic*– no tiene por qué considerarse un grave insulto en todos los casos.

A los lingüistas no nos gusta hablar de *fonetismo expresivo*. Lo que lleva a la imaginación a volar por el refrescante aire al oír el verso «bajo el ala aleve del leve abanico», o a creer que *catarata* simula la caída del agua, no es tanto la sonoridad como el saber lo que significan esas palabras. Pero, aunque no haya sonidos «mejores» (o más «agradables») que otros, a los hablantes complace elucubrar sobre la escasez en español de voces terminadas en la vocal que, como sabe todo el que disfrute resolviendo crucigramas, «es la que requiere gastar menos tinta». Apenas las hay «patrimoniales»: unas son latinismos crudos (*mapamundi, infraganti, incontinenti*); otras tienen procedencia diversa, como *[vice]lendakari, versolari, pelotari* (del vasco), *friqui* –o *friki*–, *dandi* o *derbi* (del inglés, lengua también intermediaria en casos como *caqui* o *bikini*), *askenazi* –o *asquenazi*– (del hebreo, a través del alemán), *saltimbanqui* o *confeti* (del italiano), *panoli* (del valenciano), etc.; hay creaciones onomatopéyicas (*quiquiriquí*), jergales (*cheli*) o coloquiales (*chirimiri, guiri, compi*), simples acortamientos (*bici, boli, cari*) o alteraciones (*mami*), recurso este muy corriente en los nombres propios (*Conchi, Loli, Cati, Mar[uch]i, Paqui, Puri, Pepi*...); no faltan adaptaciones de una marca comercial (*chubesqui*); algún prefijo, como *mini*, ha sido intensamente explotado: *minicine, miniserie, minifalda, minigolf...* Y no mucho más.

Los factores que van determinando la trayectoria vital de las expresiones, siempre vinculados a las necesidades y/o preferencias de los usuarios, son muy distintos, como puede comprobarse en el hecho de que «polarización» (muchos ni siquiera reconocen su derivación de *polar < polo*) haya sido elegida «palabra del año 2023» en España, mientras la República Dominicana optaba por «turismo», que nada tiene que ver con encontronazos verbales e ideológicos

Escasamente relevante es que una voz sea «acogida» en el *Diccionario* académico –obra en continua renovación–, o que hayan sido enmendadas siete de las doce acepciones del propio verbo *acoger*, además de añadirse otra nueva. Pero, precisamente por eso, nuestro *Diccionario* «oficial» tiene poco de «cementerio» de vocablos. Cabría compararlo, más bien, con un inmenso hotel en el que los clientes entran, se mueven por su interior, entran en relación con otros clientes, con los que intercambian sus tarjetas de visita... Ya no son los mexicanos los únicos que dan «mordidas». El anglicismo *crac* o *crack*, uno más, puede designar a alguien que destaca en algo, referirse a una bancarrota, o ser una simple onomatopeya para expresar la quiebra de algo. Los hay que terminan invadiendo ámbitos que les eran ajenos: ya son más numerosas las amistades «tóxicas» que las sustancias perniciosas para la salud, se hacen tantas operaciones «quirúrgicas» fuera como dentro de los hospitales... ¿Acaso vamos a emplear más «hormonación» y «presoterapia» por haber recibido el visto bueno académico? Y para qué hablar de los vocablos que se marchan sin despedirse, al ir cayendo en desuso. Hace unos días me sorprendió que un guía turístico calificara de «vaina» a un personaje histórico.

Lo más arriesgado es vaticinar y hacer profecías. Se puede sospechar –y desear– que no tardará en dejarse de practicar el *balconing* (otra novedad del *Diccionario*), insensata diversión que ya ha acabado con la vida de unos cuantos, o que terminará por desecharse *alien* o *alienígena*, al servir casi para tildar a personas que llevan a cabo actos no muy diferentes. En nuestra lengua, que no solo recurre al inglés, se extiende el empleo de galicismos crudos, como *baguette* o, recientemente, *au pair*, para designar a la persona que ayuda en la casa –sobre todo en el cuidado de los niños– a cambio de alojamiento y manutención, y hasta podría terminar siendo «distinguida» como palabra del próximo año, con lo que, por una vez, la colaboración solidaria ganaría a la confrontación «polarizada». El único inconveniente, especialmente en Andalucía, es que, en la pronunciación de muchos confluiría con el eufemismo coloquial «[j]opé».

No, no creo que se ponga «de moda» entre sus señorías (des)calificar a los adversarios llamándolos *grupis*. Pero quién sabe.

15-01-2024

El Real

El por tantas razones recordado Antonio Burgos me lanzaba (27-4-23) el guante de aclarar por qué se llama *Real* al recinto en que se celebra la Feria de Sevilla. Pero antes de que lo recogiera, se cruzó J. M.ª Jurado (25-5-23), quien cree encontrar la respuesta en Américo Castro. Se trataría del árabe *aryal*, palabra que, entre otros significados, sirvió para designar a las manadas de animales (la feria surgió, no se olvide, como encuentro de compra-venta de ganado) y –no se sabe si antes o después– también al ejército (la presencia ocasional del rey en los campamentos podría haber motivado la etimología popular que liga el término al monarca). Lo que no dice Jurado es que, según don Américo, «sólo un buen arabista podría averiguar la trayectoria de tal vocablo». Y como de la lengua árabe sé casi lo mismo que del chino, y lo que leo en los diccionarios de arabismos sobre tal vocablo y emparentados (*re[h])ala*, *rehalero*, *rehalí*, etc.) no despeja todas las dudas, me tengo que limitar a unas reflexiones que, espero, puedan ayudar, al menos, a que no se siga desbarrando.

Cada palabra tiene su propia historia, una historia que casi nunca puede descubrirse del todo. Pero nunca debe mezclarse lo que se conoce con lo que se imagina (lo de «no me cuentes historias» viene aquí como anillo al dedo). De los tres *real* que figuran, separados, en el *Diccionario* académico (en el coordinado por M. Seco son cuatro, pues se «independiza» el de la moneda –«no vale un *real*»– equivalente a 25 céntimos de la «antigua» peseta), es el sustantivo el único que parece plantear problemas. Ahora bien, pese a que no hay riesgo de que se confundan los hechos *reales* (constatados o constatables) con el comportamiento (ejemplar o no) de un monarca, y a que hasta quien no la ha pisado sabe a qué se va a la Feria, no resulta claro a cuál de los dos adjetivos, derivados del latín, el de «esto es *real*, no me lo he inventado» y el que alude a la «Casa *Real*». Ni siquiera puede dilucidarse si en «el Rey hace su real gana» predomina «lo que realmente quiere» sobre «lo que, como Rey, puede», o lo contrario.

Pero, aunque no sea posible acceder a la conciencia (muy distinta) de los hablantes, que son los verdaderos (*reales*) dueños de la lengua, para dilucidar (¿lo hacen?) qué «lazos» semánticos o asociaciones –por atracción homonímica– establecen, si con la «realeza» o/y con lo «real» o auténtico, de lo que no hay duda es de que, cuando hablan (hablamos), permanecen (permanecemos) al margen de las disquisiciones y elucubraciones etimológicas (no hay ciencia más «inexacta» que la etimología) e históricas.

Como las palabras no se utilizan aisladas, es rarísimo que los usuarios se «equivoquen». Estoy seguro de que ningún ingenuo se ha acercado al pequeño e improvisado *stand* con el cartel «clases de Biblia», que unos pocos entusiastas colocan los días festivos en muchos sitios (en el centro de la localidad en que vivo, por ejemplo) para informarse de los «tipos» de una obra que es inclasificable. O de que nadie duda entre los tacos que continuamente se oyen (o uno mismo «suelta») y los que se clavan para colgar cuadros. Los idiomas están plagados de palabras «distintas» que suenan –algunas incluso se escriben– igual: *aya / haya / halla*; *tuvo / tubo*; *servicio* [militar] / ¿[me puede indicar dónde está el] *servicio*?... Igualmente son muchas las expresiones dispares que significan lo «mismo»: *quizás / acaso / tal vez / igual /* lo *mismo*, etc. Si no fuera así, no hablaríamos de lenguas «naturales», y la mal llamada «Inteligencia Artificial» –de la que hoy tanto se habla y escribe– podría calcarlas y (re)producirlas, no únicamente «imitarlas».

Los historiadores de la lengua han de averiguar, a partir de los textos escritos disponibles, el momento en que el vocablo entra en circulación, pero no olvidan que su «vida» no está condicionada por su origen, y transcurre por caminos enrevesados. La de los tres «real» nada tiene que ver con la de unos trillizos, pero la coincidencia fónica (y gráfica) puede acabar

convirtiéndose en factor de «contagio», hasta el punto de hacer discutible a cuál de ellos asignar «(a)sentar o levantar/alzar los/sus *reales*», «una
real hembra», etc.

Si mi percepción no está alejada de los usos idiomáticos *reales* ('verdaderos'), está claro que el de *Real* de la Feria está siendo cada vez más arrin-
conado, incluso en los medios de comunicación. En la crónica de prensa
anunciadora de la última Feria de Alcalá de Guadaíra, tan cerca de Sevilla, solo aparece una vez –y para evitar la repetición («Hay ganas de Feria,
y en el *real* ya está todo preparado...»)–, mientras que *recinto* se repite
hasta en 11 ocasiones y *feria* aparece 8 veces. Y como en el coloquio espontáneo el término se bate en retirada, no sería extraño que pronto acabara siendo casi un resto arqueológico. Menos mal que está almacenada eń
los inventarios léxicos regionales, de manera que los estudiosos y eruditos
(a los feriantes solo les importa disfrutar, y no tener que quejarse mucho de
que «en la Feria no se cabe») podrán seguir preguntándose por lo que el
inolvidable Antonio Burgos no volverá a plantearme/se.

17-06-2024
¿Una miss *léxica cada año?*

La *FundéuRAE* –fruto de un acuerdo (2020) entre la Academia y la Agencia EFE para relanzar la *Fundación del Español Urgente* (creada quince años
antes con el objetivo de «velar por el buen uso del español en los medios de
comunicación»)– ha elegido como «palabra del año 2023» *polarización*.
Entre las 12 «finalistas», había algunas para mí desconocidas, como FANI
[«**F**enómeno **A**nómalo **N**o **I**dentificado»], que, al parecer, acabará por sustituir a OVNI. Nada sé de los criterios para adoptar tal decisión, pero supongo tendrán muy poco que ver con los utilizados, por ejemplo, para
designar una *miss* o «reina de la belleza», ya que ninguna expresión destaca sobre las demás por sus «encantos» propios. Tampoco puede pesar en

exclusiva la frecuencia de uso, pues, aparte de lo difícil que resulta medir el número de veces que se usa un vocablo, es algo que más bien juega en contra. El «impacto» significativo de «genial», empleado continuamente y para casi todo, ha acabado por ser casi nulo.

Estaba «cantado» que se iba a optar por *confinamiento* en 2020 y por *vacuna* en 2021. Si las bases reguladoras permiten «repetir» protagonismo (supongo que no), podrían ser «reelegidas» *populismo* y *refugiado*, ya escogidas en 2016 y 2015. De hecho, de no haber durado tan poco su «invasión» en los medios, quizás la próxima ganadora podría ser *pélet*, con lo que estaríamos asistiendo a una nueva versión de *microplástico* (seleccionada en 2018), lo que al menos habría contribuido a lograr un acuerdo sobre su escritura (además de esa forma, aconsejada por la RAE –sin tilde, *pelet,* si se pronuncia aguda–, han aparecido en la prensa *péllets* –también sin acento gráfico–, *pele* y *pelete,* y en una manifestación de protesta en Galicia, una pancarta invitaba a levantarse «em pé» contra los vertidos de los «pés»). El extranjerismo *escrache* (encumbrado en 2013) tardó años en ser acogido en el *Diccionario* académico. Si se me hubiera dado la oportunidad, nunca hubiera votado a favor de *aporofobia* ni de *emoji,* «agraciadas» en 2017 y 2019, pero sí lo haría, en cambio, por *concordia* o *empatía,* que, creo, no han entrado en ninguna lista. Aunque lo que de verdad me importa, como a todo el mundo, es que nunca se las lleve el viento (VERBA VOLANT) y siempre reflejen una voluntad real de identificarse con (los) otros y de convenir y acordar en todos los casos en que produzca alguna contienda.

Si la iniciativa se expande, pronto asistiremos a la elección de la palabra «regional, comarcal, local...» del año.

Sin necesidad de concurso o certamen alguno, *polla* se considera el vocablo estelar de Granada en *Granaíno para extranjeros* y en *Un dizionario dercopón, obra máxima de la lezicografía locáh, con ehemploh de uzo en zu propio contehto,* obra esta última en la que, entre los abundantes ejemplos ilustrativos, figura uno en que se emplea para la 'revancha en casos de *malafollá* [el vocablo mejor colocado para ocupar la segunda posición], *enteraos, reventaos, malostias*': «¡¿no sabías conducir tan bien?! Ahora tócate la *poya,* miá como hah dehao er coshe». En el *Diccionario del habla granaína,* de A. Leyva, se le atribuye un carácter «preeminente», y se incluyen chistes y anécdotas que revelan su constante y variadísimo uso.

Por aclamación, la elección en Cádiz recaería seguramente sobre *pisha* 'picha' (con permiso de *bastinazo*). Los sevillanos se inclinarían probablemente por *mi-arma*. En Almería, la expresión «¿quéh lo que é?» (con las dos [e] tónicas marcadamente abiertas) tendría muchos números para ser la «vencedora». *Chominá* sería una de las preferidas en Córdoba. Y así sucesivamente.

Lo que pasa es que ello impediría a cualquier jurado pronunciarse sobre la palabra «andaluza» (del año o del siglo), ya que cada miembro barrería «para casa», y alcanzar un consenso resultaría imposible. Es verdad que no son pocas las que, «extraoficialmente», se califican de «propias» de (toda) Andalucía, pero, aparte de no ser cierto, se hace descansar su peculiaridad en la realización fonética: *shosho* 'chocho', *cusha* 'escucha', *á(r) favó* 'haz [el] favor', *cani(h)o* 'canijo'... Tampoco me atrevo a asegurar que se empleen solo ni en toda Andalucía unas cuantas (pocas) con valor gramatical, como la que aparece, por ejemplo, en «tó lo que digo te parese má, *er tó que tó* eh dehamme en ridículo delante loh demá».

Proponer periódicamente una «*miss* léxica» cuenta con la «ventaja» de la ausencia de «crítica», ante la imposibilidad de contar con un canon estético establecido. Nadie va a plantear recurso, ni siquiera «protestar», por la elección de una palabra que «suene» como novedosa, independientemente de que se emplee mucho o poco (oralmente y/o por escrito). ¿Cuestionó alguien que –imponiéndose sobre *criptomoneda, ecocidio, gripalizar, topar...*– subiera al podio en 2022 *Inteligencia Artificial*, calco del inglés, que ni siquiera es *una* palabra, y que ha terminado «consagrando» algo imposible, que la inteligencia sea artificial, de igual modo que nada artificial puede ser inteligente?

Podría suceder que la *polarización* (y conste que en la ciudadanía en su conjunto no se proyecta la fragmentación en dos «bandos» opuestos que se observa en la llamada «clase política») cerrara el paso a la «coronación» de *amnistía* (en bocas de todos), ante la falta de consenso a la hora de interpretar su significado, alcance y aplicación. Por suerte, la lengua –que no se limita a dar cuenta de la realidad, sino que la redefine y recrea– sigue y continuará siendo, al margen de cuáles sean las voces aspirantes a «reinar» durante un año (o más), el mejor (¿único?) medio para superar discrepancias y desavenencias. Y si los usuarios no estamos por la labor, mal asunto.

28-04-2025

A las claras

En el breve tiempo transcurrido desde su constitución en junio de 2022, a la *Red Panhispánica de Lenguaje Claro y Accesible* (Red-PHLCA) se han ido adhiriendo centenares de instituciones, organismos y asociaciones de todos los sectores (incluidos el político y el financiero). Pese a ser iniciativa de la RAE y la ASALE, la denominación no resulta del todo atinada, pues la *claridad* es una «noción-racimo» que se configura en una nutrida familia léxico-gramatical (*claro, claridad, claramente, aclarar, clarificar, esclarecer...*), abarcadora de campos semánticos y referenciales tan diversos como la «luminosidad, brillantez, transparencia, diafanidad, limpidez, llaneza, sinceridad, franqueza...», entre los que el trasvase es constante. De ahí que –sin salir del ámbito de los sentidos– haya sido tildada tanto de *sonora* como de *callada*, tanto de «salada» –así bautizó M. Machado la gaditana– como de «dulce»..., y recibido los más dispares calificativos. Más de 35 acepciones del adjetivo *claro* figuran en el *Diccionario* académico (hasta los ojos con que vemos las cosas más o menos claras eran «claros, serenos» para Gutierre de Cetina), casi otros tantos antónimos (*turbio, oscuro, opaco, lóbrego, confuso, ambiguo, inconcreto, ininteligible...*). La oscuridad no consiste, como decía Machado, en escribir «los eventos consuetudinarios que acontecen en la rúa», en lugar de simplemente «lo que pasa en la calle». Como adverbio (a menudo, repetido: «claro, claro»), sirve para expresar acuerdo, asentimiento, conformidad, aceptación..., forma parte de numerosas combinaciones más o menos lexicalizadas, como «tener claro», «poner en claro» [algo], etc.

No, no es fácil saber lo que ha de entenderse por «lenguaje claro» o por «hablar claro» (o «claramente»). En rigor, del *lenguaje* no puede predicarse la «claridad», ni siquiera de las *lenguas* en que necesariamente se plasma la facultad específicamente humana. Carece de sentido plantear si es más claro el español que el inglés, o al revés. Solo de los *usos idiomáticos* cabe decir que son o no «de fácil comprensión», última acepción de *claridad*, y reservada para la «meridiana». Lo que pasa es que, al ser tantos y tan variados, nada se puede precisar si no se concreta (*aclara*) a qué usuarios y qué tipos de actos comunicativos nos referimos, empezando por la necesidad de no igualar los hablados (*hablantes* somos todos) y los escritos (parece que de las aproximadamente 6000 lenguas que hay en el mundo, solo unas cien tienen escritura, y millones de los hablantes de estas son analfabetos). Nadie puede «escribir como habla», y nadie debe hablar «como un libro», si no quiere correr el riesgo de ser «rechazado» por los receptores. En cualquier caso, tanto al hablar como al escribir, en virtud de muchos y muy diversos factores, lo que es clarísimo para unos en un contexto determinado puede resultar confuso o/e inadecuado para otros, e incluso para los mismos, en una situación distinta.

Que la citada campaña académica no puede tener alcance *panhispánico* es fácil de comprobar. Ni los más cultos de algún país de Hispanoamérica comprenden una frase como «me da apuro bajarme aquí las bragas».

Para colmo, aparte de la complejidad de la noción de «claridad», hubiera sido aconsejable no recurrir al sustantivo *red*, dado que hoy las denominadas *redes sociales* todo lo invaden (otra cosa es que algunos nos «en-*red*-emos» en o con ellas), y las hay peligrosas, como las de ciertos traficantes.

Dada la obviedad de que la preocupación por comprender lo que se oye (o lee) y por ser entendido sin dificultad es universal, lo primero que hay que preguntarse es qué ha llevado a impulsar precisamente ahora tal iniciativa, y por qué en pocos años se ha celebrado la *I Convención de la Red* (más de cuarenta participantes), y se han publicado sus *Principios de organización*, una *Guía panhispánica*, el *Libro de estilo de la justicia*, los *Fundamentos del lenguaje claro* y *El derecho a comprender. El lenguaje del poder* (los dos últimos de S. Muñoz Machado, director de la RAE)... Ahí se puede encontrar parte de la respuesta. En los tiempos actuales, caracterizados por notables «transformaciones sociales y la dimensión digital», se espera que adopten los «estándares de lenguaje claro, comprensible y accesible» que se vayan proponiendo aquellos que «redactan los documentos en los distintos organismos del Estado» y «se comunican con los ciudadanos desde instituciones y entidades públicas y privadas». Está «claro», pues, que la «Red» no está pensada para los intercambios verbales prácticos y cotidianos en situaciones comunicativas de proximidad o confianza, en los que, pese a que no siempre decir las cosas «a las claras» es el mejor modo de hablar con la claridad que conviene, se da por hecho que «entenderse» apenas tropieza con obstáculos (como suele decirse, se puede hablar «más alto», pero no «más *claro*»). La campaña se dirige, sobre todo, a los ámbitos del lenguaje jurídico y del utilizado por las diversas Administraciones, en cuyas actuaciones orales y, sobre todo, documentos, se considera necesario y urgente acabar con lo (mucho) que dificulta su accesibilidad a los ciudadanos. Puedo dar fe de que así es. Invitado hace años por altos cargos de la Delegación de Hacienda en Sevilla (querían sacudirse la «fama» de la mala recepción de sus farragosas circulares), no me costó mucho hacerles ver que los interminables y envolventes párrafos podían «allanarse» con facilidad. Dejé reducido «Considerando el interés que, de cara a los objetivos marcados para el presente año, pudieran tener los resultados obtenidos, una vez concluidas las actuaciones, un resumen de los resultados de las mismas deberán remitirse a la Delegación Especial, con vistas a la elaboración de un informe global a nivel regional para su traslado a los servicios centrales de la Agencia» a una línea y media («Cuando estén terminadas [las actuaciones], entregará un resumen a la Delegación, para elaborar el informe regional que ha de ser enviado a los servicios centrales»), sin que nada relevante hubiera desaparecido con la eliminación del 66,3 % del texto. Por supuesto, no se me hizo el menor caso, y todo siguió como antes.

Bienvenida sea la nueva «Red» académica, pero no confío mucho en que con ella, ni con otras iniciativas anteriores (los encuentros *EnClaro*, que se vienen celebrando periódicamente, han acabado por tener el efecto contrario a la *popularización* y *democratización* que persiguen, como suele ocurrir siempre que se pretende igualar «por abajo»), pues está comprobado que con proscripciones, prescripciones y recomendaciones externas no se gana en claridad al hablar y escribir. Al ser actividades que se pueden llevar a cabo de varias y diferentes maneras, hay que aspirar a que, por ejemplo, la apropiada sustitución de expresiones técnicas o específicas por otras de uso común permita a todos los ciudadanos acceder incluso a comunicaciones especializadas. Pero la búsqueda de la «llaneza» no debe hacer caer en la 'trampa' (una de las acepciones de *red*) de la intransigencia, pues, por ejemplo, hay *extranjerismos* que, lejos de ser «rechazados», vienen bien, por resultar más precisos que vocablos patrimoniales, con que en muchos casos ni siquiera cuenta nuestra lengua. Quizás no habría sido necesario dar entrada a *windsurf* (o *wind surf*), pero ya no es posible encontrar equivalente de *whisky* (en el *Diccionario* académico se remite a *güisqui*).

05-05-2025

Oquedad semántica

La búsqueda de «transparencia» no puede servir de tapadera para camuflar lo que no es más que oquedad semántica. Hay una sobreabundante bibliografía generada por modernos «salvadores» que, con sus «manuales de autoayuda», tratan de dar respuestas a las eternas preguntas que nadie deja de hacerse, y que podrían resumirse en «¿qué soy yo, cómo he llegado hasta aquí y cuál es el sentido de mi existencia?». El propósito de E. Tolle, autor de *El poder del **ahora***, obra subtitulada en la portada *Una guía para la iluminación espiritual* y, en el interior, *Un camino hacia la realización espiritual* (como se ve, solo coinciden ambos subtítulos en el adjetivo *espiritual*), y definida como «curso de meditación» y de «auto indagación», es «mitigar el dolor, el sufrimiento y la ansiedad» y «contribuir a la urgente tarea de transformar la conciencia humana». Pese a advertir en sus primeras líneas que las «experiencias» que tienen que ver con los procesos mentales «no se pueden *transmitir* con palabras», el libro –que, hasta 2020, había sido traducido a 33 idiomas, y del que se habían vendido más de 6 000 000 de ejemplares– tiene 220 páginas. Lo primero con que se topa el lector es el relato de cómo surgió: «Hasta los 30 años, me encontraba en un estado de ansiedad constante, salpicado ocasionalmente por periodos de depresión suicida. Una noche desperté con una sensación de pavor absoluto. De repente, dejé de sentir miedo y me dejé caer en el vacío de mi interior. Me despertaron los trinos de un pájaro junto a mi ventana [...]. Caminé por la ciudad con un sentimiento de absoluto asombro ante el milagro de la vida, como si acabara de nacer. Durante los cinco meses siguientes viví en un profundo estado de paz y dicha ininterrumpidas». ¿Hay alguien que no quiera vivir, no cinco meses, solo unos días, un rato, tan placentera «milagrosa» felicidad? Las «perlas» no dejan de sucederse: «cuando escuchas un pensamiento, no solo eres consciente de ese pensamiento, sino también de ti mismo como testigo del pensamiento»; «una emoción suele ser un patrón de pensamiento ampliado y energetizado [*sic*], y como su carga energética a menudo es abrumadora, no resulta fácil mantener la presencia necesaria para observarla»; etc. Pero especialmente «decepcionante» es cómo contesta a la cuestión central («¿Cómo sabré cuándo me he rendido?»): «Porque no necesitarás seguir haciendo preguntas». ¡Y yo que creía que nadie, no solo los niños, puede vivir sin hacerlas o hacérselas continuamente!

La manipulación lingüística para atrapar a los incautos, algo que se ha dado siempre, parece haberse acentuado con la creciente «marginación» de la *verdadera* lectura, la que durante siglos ha venido permitiendo acceder al conocimiento. No extraña que en estos escritos de «autoayuda» se recomiende su interrupción cada cierto tiempo, y que cada lector la retome, por donde quiera, cuando de nuevo sienta necesidad o simplemente le apetezca. Poco importa que se haga de modo parcelado y deslavazado, pues así se consigue mejor que pasen inadvertidos tanto los párrafos huecos («a medida que te haces más consciente de tu realidad presente, puede que comprendas repentinamente por qué tu condicionamiento funciona de una manera particular») como los que, además, son difíciles de «digerir»: «cuanto más preciso sea el seguimiento que hagas de tu estado interno emocional y mental, antes sabrás que te has dejado atrapar en el pasado o en el futuro, es decir, en la inconsciencia, y más rápido despertarás del tiempo al presente». La verdad es que esta sorprendente especie de *túnel del tiempo* desde lo ya vivido o lo aún por llegar (como si diera lo mismo) hasta lo actual no está tan lejos del *hay que vivir al día*.

¿A qué se debe, entonces, el «éxito» de estos «manuales»? Como de la mente humana sé muy poco, me atrevo a aventurar una pista desde la «lingüística». Son «textos» (?) en que las palabras van *vaciándose* de significado, para que los «predispuestos» a «encontrar» aquello que ansiosamente buscan las «rellenen» *a su gusto*. Crear en los lectores la «ilusión» de ser los que «deciden» el sentido no es una argucia muy original, pero –por lo que se ve– sí muy «rentable».

11-12-2021

(Des)aparición de palabras

«Al igual que los árboles mudan sus hojas, acaba la vida de las palabras gastadas, y con vigor juvenil florecen y cobran fuerza otras». La máxima horaciana se cumple inexorablemente, pero no se puede prever el ritmo con que caen las 'viejas' y llegan las 'nuevas'. Y la aparición de unas y la desaparición de otras no suelen suponer un golpe emocional, como el producido por la reciente retirada de las últimas cabinas telefónicas públicas en quienes vivimos su instalación y pronta conversión en parte de nuestra cotidianidad. Claro que nos sentiremos aliviados cuando (¡ojalá sea pronto!) pasen al olvido expresiones como *covid* o *coronavirus*, pero porque no tendrán nada que designar.

A medida que el adjetivo *móvil* (*celular* [selulá] en América), de cuyo nacimiento también he sido testigo, ha ido ganando en prestaciones y 'aplicaciones' y casi 'in-movil-izando' a más personas y desde una edad más temprana, se ha ido prescindiendo de su sustantivo *teléfono*. Al igual que se sigue oyendo que algo «no vale un *duro*» (otro adjetivo) en boca de los que no han conocido tal moneda. Y, aunque cada vez menos, también se sigue diciendo «voy a hacer un *manda*[d]*o*», sin que nadie haya «mandado» (en ninguna de sus acepciones) nada. Y las o los *casetes* poco han tardado en quedar fuera de la circulación en casi todas partes Así que, parafraseando a Heráclito (cinco siglos anterior a Horacio), rara vez se «inventa» un vocablo nuevo (¡la que se ha formado en Francia por la pretensión de «crear» un pronombre, *iel*, que amalgame el masculino *il* 'él' y el femenino *elle* 'ella', para así superar el «binarismo» de género!), pero no cesa de «transformarse» el significado de casi todos.

En Andalucía, donde en pocas décadas se ha pasado de una etapa secular sin cambios socioeconómicos notables a otra en que se producen innovaciones a diario, sabemos mucho de voces que han ido cayendo en desuso y pasando a mejor vida, incluidas las que nombraban objetos en su momento vitales, como *cisco, dornillo, dornajo, paila*... Cuando decía a mis alumnos que había «vivido» más de dos mil años, sonreían, pero al aclararles que durante mi infancia se roturaba la tierra con el *arado* (romano), se segaba el trigo con la *hoz*, con el *trillo* se separaba en la *era* el grano de la paja, se pesaban los productos con la *romana*, el *carro* (prerromano) era casi el único medio para transportarlos..., ya no les parecía tan descabellada mi afirmación.

Una palabra no se esfuma de golpe, ni al mismo tiempo en todas partes. Ni siquiera tiene por qué «desaparecer». El verbo *trillar* continúa usándose, aunque ya no tanto para referirse a lo que acabo de decir como para aludir a la *machaconería* (de *machacar*). Y aunque ya no haya segadores de los de antes, la *hoz* –junto al *martillo*– tiene un claro valor simbólico. Y con *carro*, entre nosotros pieza de museo, se designa en Hispanoamérica al coche o auto[móvil].

La «pérdida» de particularismos, vinculados a la vida cotidiana y práctica, a las tareas domésticas y agrícolas, a los juegos, costumbres y tradiciones..., no implica «empobrecimiento». Más revelador que la eliminación en la última edición del *Diccionario* académico de la marca *And*[dalucismo] en más de la mitad de los que figuraban con ella, resulta comprobar qué pocos emplean o conocen los andaluces. ¡Cómo van a saber que *enjero* [o *engero*] es el palo largo que se ata al yugo quienes no han visto un arado en su vida, o que en Andalucía (y en América) [moharra] (*mojarra*) es un tipo de cuchillo (o cuchilla)! No, no se precisa recurrir a ninguno de los miles de términos habituales en una región rural, y con un elevado índice de analfabetismo hasta mediados del siglo XX, a la hora de verbalizar nuestra ilimitada capacidad de abstracción e imaginación, de plantearnos el sentido de nuestra existencia, de comentar una simple decisión política, de economía, de los méritos de una obra literaria o de una película...

Lo «enriquecedor» es hacerse también con el léxico que comparten centenares de millones de hispanohablantes y no está anclado al terruño. Como necesitamos ser felices, la imposible definición de *felicidad* no va a frenar la acumulación de sus acepciones y precisiones ni la proliferación de cuasi sinónimos (*dicha, ventura*...). Poseer y emplear adecuadamente tal caudal es, además, el único o mejor modo de aumentar nuestro «círculo» vital y moral, de participar activamente en el mantenimiento de nuestro idioma como uno de los pocos de cultura y de mayor proyección internacional del mundo. Gracias a lo universal y común –que no tiene por qué «suplir» ni abrirse paso «a costa de» lo particular– se ensancha la auténtica *libertad*, ese preciado don con el que –según Cervantes– no se iguala ningún tesoro terrenal. Que alguien haya pretendido «rebajar» el significado de esta palabra hasta reducirlo a la posibilidad de tomar cervezas con los amigos o a la improbabilidad de encontrarse por la calle con su *ex*, y ello haya podido contribuir a ampliar su «poder», es otra historia.

10-02-2025
¡Te vah a enterá(r)!

Un profesor de Español para extranjeros en la Universidad de Sevilla, al percatarse de que la clase no marchaba como le gustaría, espetó a un alumno sentado en la primera fila: «¿Tú t-á-nterao?». El interpelado (japonés), sorprendido, replicó: «¿Qué significa *tanterao*?».

Hace muchos años, siendo yo estudiante en la Universidad de Granada, un joven catedrático, Manuel Alvar, sí, el autor del *Atlas lingüístico y etnográfico de Andalucía*, preguntó en clase quién había leído *La Dorotea*. Como había realizado durante el curso anterior un trabajo sobre esa obra de Lope de Vega, levanté la mano, pero, al no atinar con el episodio al que se estaba refiriendo (sigo pensando que no muy relevante), su reacción aún retumba en mis oídos: «¡Pues hay que leer *enterándose*!», que yo interpreté como «*¡que no te enteras!*». Pocos días después, el mismo profesor quiso averiguar si alguien sabía quién era el autor de *Nada menos que todo un hombre*, y, claro, los alumnos nos limitamos a no chistar y bajar los ojos. Pasado un tiempo, cuando ambos, Alvar y yo, enseñábamos en la Universidad Autónoma de Madrid, me dijo más de una vez con tono paternal y amistoso «¡Ya se *enterará* usted cuando tenga que empezar a comprar zapatos a sus niños!». Para el *Diccionario* académico, «enterar» es simplemente 'informar a alguien de algo'.

Suelo recomendar la consulta de más de un diccionario, no solo a los extranjeros que no tienen claro el significado de una palabra, también a los hispanohablantes, sobre todo cuando encomiendan a una expresión el peso del sentido de un enunciado o de todo un discurso. El atónito nipón aprendiz de nuestra lengua, una vez «enterado» de que se trataba del uso pronominal del perfecto compuesto de *enterar* (derivado –al igual que *enteramente, entereza...*– de *entero* <INTEGRUM; las correspondientes voces cultas –*íntegro, integrar*[se]– tienen usos diferentes y no admiten demasiadas modulaciones entonativas diferentes), se hubiera podido «enterar», gracias al *Diccionario «de uso»*, de María Moliner, de que *enterarse* forma parte de bastantes expresiones con significados notablemente alejados de 'adquirir conocimiento de lo que se dice o lee'.

Tampoco los gramáticos ayudan a que los hablantes se «enteren» de por qué con la construcción pronominal de numerosos verbos se transmiten tantos y tan variados sentidos, que van desde «*ponerSE* los zapatos» a «la bañera *SE salía*» y «la avería no *SE solucionó* hasta que no vino el fontanero», entre los que muy poco hay en común, y en medio de los cuales se situarían «Fulano y Mengano ya ni *SE saludan*»; «¿dónde suelen *reunirSE*»?; «*SE cayó* y *SE rompió* la cadera»; «¡qué bien *SE duerme* en este pueblo!»; «*SE despertó, SE levantó...* y hasta hoy»; «*SE ha vuelto* loco»; «*SE arrepintió*, pero no *SE decidió* a pedir perdón»; «su última novela *SE está vendiendo* muy bien»; «esas multas no *SE pagan*»; «*SE necesitan* por los menos cuatro personas para mover esta mesa»; etc.

Hay que decir a quienes no tienen el español como lengua materna que, gracias al adecuado contorno melódico, con *enterarse* se expresa también contrariedad o reconvención, e incluso se amenaza con un escarmiento: *¡te vah a'nterá!* Y sigue sin ser suficiente. El participio *enterado* (que aparece como entrada independiente en algunos diccionarios) se distancia semánticamente, hasta hacerse equivalente (no sinónimo) de *orgulloso, engreído, vanidoso, (muy) pagado* (o *satisfecho*) *de sí mismo, presumido, estirado...*, e incluso de *creído*, de *creer*, verbo al que se recurre para formar otra amplia gama fraseológica: *no te creas* (o *no te vayas a creer*), *eso no te lo crees ni tú; que te crees tú eso...* De todos modos, seguirán sin «enterarse» del todo de cuanto oyen, algo que solo conseguirán gracias a la práctica conversacional, no en clase ni con los libros.

Según algunos, abundan en la comunidad idiomática hispánica, o/y en alguna de sus áreas en particular, los «entera(d)os» o «creídos». No lo «creo». Sí sé que cuanto he dicho complica, y de qué modo, el trabajo de los docentes, traductores e intérpretes. El retrato que C. Martín Gaite hace

de la protagonista de *Irse de casa* (envidiada –tras triunfar internacionalmente como modista de alta costura en N. York– por sus paisanas, que no
han logrado salir de su mediocre vida provinciana) arranca así: «Ella era
muy suya. ¿Que por qué lo digo? Pues mira, Sole, por todo, desde cómo en-
traba a los sitios mirando al vacío, a cómo rechazaba las invitaciones sin dar
las gracias siquiera...». En la traducción al francés («¡Elle avait *son* carac-
tère!») aún queda un residuo del posesivo *suya*, que al lector español basta
para «enterarse» de que las chismosas cotillas (la autora se refiere a ellas
como «el coro») se disponen a denigrar, sin fundamento, a quien consideran una «creída» y «entera-d-íll-a» con ambición e insolencia sin límites,
pero ni rastro queda en la versión italiana («Lei era un tipo speciale»), en
la que, por mucho que sea cierto que el personaje ha conseguido, gracias al
esfuerzo, pasar a pertenecer a una clase *especial*, se esfuma el valor del español «muy suya».

Tanto la labor de *trasladar* lo dicho o escrito en español a otro idioma,
como los esfuerzos por conseguir que hablantes de otra lengua distinta lleguen a serlo también de la nuestra, son tareas impagables. Y no se ven faci-
litadas porque lo que llega a sus oídos sea ¿*tutanterao*?

V
LA GRAMÁTICA, MARGINADA

Nosotras y nosotros

Tras año y medio de prudente silencio, la Real Academia Española ha respondido a la solicitud hecha por Carmen Calvo, vicepresidenta del Gobierno, con el propósito de que la docta institución avalara la «adecuación» del texto constitucional «a la realidad de una democracia que transita entre hombres y mujeres». Supongo que la tardanza se debe a que no hacía falta contestar, ya todo estaba dicho. Pero me temo que el estéril «debate» no va a terminar. Y eso que la cosa está bordeando el ridículo. La obsesión por evitar el empleo no marcado del masculino transformó en décimas de segundo al moderador (único varón) de una mesa redonda en una especie de trilero que se excluye e incluye del grupo: «de igual modo que *todas las inscritas y todos los inscritos* en estas jornadas..., *nosotras y nosotros* tenemos que...».

Es posible que no baste con recordar que *coche* es masculino en español, femenino en francés (*la voiture*) e italiano (*la machina*) y que carece de género en inglés (*car*), o que, sin salir de nuestro idioma, el que sea masculino *mapa* (no hay **mapo*) y femenino *moto* (nada tiene que ver con la *mota*) no sirve más que para evitar que se diga **esa mapa* o **este moto*. Tampoco, que a los hispanohablantes, que también distinguimos el *naranjo* de la *naranja*, no nos hace falta averiguar si a quien *no le gustan los gatos* también le desagradan *las gatas*, ni dudamos de que del odio *a los judíos* no se libraron *las judías*. Pero estoy seguro de que los que (¿cuántos son y cuándo lo hacen?) emplean machaconamente *cordobeses y cordobesas* no lo hacen por temor a que, si no añaden el femenino, alguien interprete que la cosa no va con las mujeres, simplemente creen reforzar su rechazo del *machismo*.

En la *Guía sobre comunicación socioambiental con perspectiva de género* [*sic*] de la Junta de Andalucía se llega al delirio. He aquí el comentario a una foto en que se ve cómo *un* bombero trata de rescatar de la crecida provocada por las lluvias torrenciales a una madre que sostiene a su niño en brazos (los errores de concordancia no son míos): «queda muy bien definido los papeles que hombre y mujeres tienen que jugar, el hombre es la autoridad y además es el salvador, la mujer es la persona débil que tiene que ser salvada». ¿Habría que haberlos dejado morir ahogados (perdón, «haberlo/la» y «ahogado y ahogada»), puesto que no había modo de localizar a *una* bombera?

Sí, ya sé que era (y *es*, ya que mucho falta por hacer) urgente dar un salto radical en la lucha por la igualdad. Pero pretender que el idioma sirva de pértiga es como pedir peras al olmo, pues nada *artificial* debe encomendarse a un medio de comunicación *natural*, en el que las *normas* se las *dan* los *ciudadanos* (las *ciudadanas* incluidas). El amplio muestrario de «instrucciones» (algunas no serían aplicables más que a la escritura, pues ¿cómo pronunciar *l@s gaditan@s*?) que está llenando las numerosas *guías* «para el uso no sexista» de la lengua –parecidas todas como una gota de agua a otra– no va a tener repercusión alguna en la conducta idiomática de los hablantes. ¿Quién va a hacer caso de unos «catecismos», cuyas «directrices», además de no servir para cambiar ningún derecho u obligación, son impracticables o/y erróneas?

No pierdo (del todo) la esperanza de que esta inútil moda se haga insufrible y se produzca alguna reacción. Y no solo porque el uso, dueño y señor del idioma, no se ha visto –ni se verá– afectado en la práctica por ocurrencias, sino también porque incluso podrían acabar chocando estas con algunos movimientos –estos sí, con incidencia creciente en la sociedad– que lo frenarían. Me refiero, por ejemplo, al que empezó impulsado por los *gays*, se convirtió pronto en LGT (al incorporarse lesbianas y personas con cambio de sexo), y que, por ahora, ha pasado a ser LGTBIQ, al incluir también a los bisexuales, intersexuales y *queer*. Muchos de sus miembros (que no «miembras») no parecen partidarios de rodeos superfluos ni de coordinaciones del tipo *buenos y buenas*, pues rechazan ser encajados tanto en el grupo de *todos* como en el de *todas*. A lo que aspiran es a no seguir *aislados* ni *marginados*, a que la sociedad esté con *ellos*, con independencia de que *unos* se sientan de un género, *otros* de ambos, y otros de ninguno. Mira por dónde, la capacidad abarcadora del masculino –de la que el femenino carece– continúa permitiendo designar apropiada y globalmente –sin discriminación, ni positiva ni negativa– a un «colectivo» que no es, ni pretende ser, homogéneo, y cuyos integrantes se niegan a quedar etiquetados como pertenecientes a *uno* de los dos sexos «normales», pues lo que quieren es formar parte de una distinta «normalidad».

No hay que inventar lo que ya está inventado. Si no se oye o se lee «para morirse solo hace falta estar *vivo o viva*», es porque ninguna mujer es inmortal, ni siquiera las que han llegado –ya era hora– a ser académicas y han aprobado (por unanimidad) el informe sobre lenguaje inclusivo. Y si tampoco suele decirse «es muy triste quedarse *solo o sola* en verano», es porque la soledad aflige a todos los seres humanos, sea cual sea su realidad sexual (no «de género gramatical»).

Lo malo de la contestación académica es que, una vez más, los ojos de algunos van a acabar fijándose (y si no, al tiempo) en nuestra Andalucía, ya que los responsables políticos sí lograron sustituir, en el *Estatuto de Autonomía para Andalucía* (¡después de haber sido aprobado por las Cortes!), bastantes de las apariciones del término *andaluces* por *andaluces y andaluzas*. ¿Mejoró el texto?

22-01-2022

Costurero, no; *modisto*

Las discusiones sobre si hay que designar o no «en femenino» a la mujer que ejerce ciertas profesiones u oficios o tienen una afición suelen terminar como el rosario de la aurora. No creo que los partidarios del *sí* piensen que así se acabará con la desigualdad. La cosa se ha complicado, pero, como no parece vayan a prosperar iniciativas como la de la ministra de *Igualdad* (**todes les chiques del pueblo quieren ser arquitectes o ingenieres*), que, por cierto, no valdría para el catalán, donde tal vocal marca el femenino (*Som dones, som lingüistes, som moltes i diem prou* se titula una publicación en la que 70 mujeres lingüistas llegan a la conclusión de que el lenguaje inclusivo nada va a aportar al igualitarismo), me limitaré a la dicotomía «tradicional» (*censor/a*).

Recientemente, en una relajada conversación, una *médica*, al referirse a la indignación que le producía que se dirigieran a ella como *médico*, hizo saltar una chispa que, a juzgar por cómo fueron subiendo los decibelios, provocó un «fuego» cuyas «chispas» daban la impresión de que no era solo figurado. Siempre que se trata del «machismo» de nuestro idioma, los turnos de palabra dejan de respetarse y caen en manos de los que más gritan, así que opté por contribuir con mi silencio a que la sangre no llegara al río y las aguas volvieran a su cauce, es decir, a que el agotamiento acabara apagando el ardor. Es lo que finalmente ocurrió.

Solo los animales racionales podemos acalorarnos por tal asunto. Los *linces* o *gorilas* y las *jirafas* o *panteras* nunca se van a *mosquear* (a las *moscas* también les «trae sin cuidado») porque no los/las nombremos como machos o hembras. Acabo de leer en un anuncio «si queréis disfrutar de vuestras vacaciones acompañados de *vuestro perro o de vuestra perra...*», pero no veo que preocupe gran cosa a los dueños aclarar que lo son de una *perra*, porque no les gustan los *perros*, o lo contrario. El hombre al que se califica de *rata* ('persona despreciable') no se ofende más por no ser llamado *ratón*, pero se extrañaría de que alguien se dirigiera a él con *¡burra!*, y no *¡burro!*

Poner en circulación palabras o acepciones nuevas es fácil. El presidente del Gobierno acaba de anunciar que tiene un plan para *gripalizar* el COVID, algunos periodistas empiezan a llamar *alertador(es)* a la(s) «fuente(s) de información» de toda la vida, en Colombia las *chuzaDAS* (las tres últimas letras aluden al organismo estatal Departamento Administrativo de Seguridad) tienen unas consecuencias que no son las de unos simples pinchazos telefónicos o escuchas ilegales... En el *Diccionario* ingresan continuamente nuevas expresiones, como *rebujito* (que ya se encuentra junto a *rebujina* 'alboroto, bullicio de gente del vulgo'), por más que el vino no se *rebuja* ('envolver o cubrir algo'), sino que se *rebaja*.

En cambio, «inventar» unidades gramaticales es misión casi imposible. Que se lo digan a los hablantes de francés, donde la pretensión de introducir un pronombre *iel* –amalgama del masculino *il* y el femenino *elle*– ha desatado tal polvareda mediática que ha terminado convirtiéndose en simple objeto de mofa.

Siempre ha sido menos empleada la primera acepción de *costurero* ('persona que tiene por oficio coser') que el resto ('caja para guardar los útiles de costura', 'cuarto en que se cose'), no solo porque no ha habido muchos hombres que cosan (no recuerdo qué santa es patrona de *las costureras*), sino porque, pese a constar en el *Diccionario* únicamente *modista*, ellos prefieren ser considerados *modistos*, esto es, vinculados a la «alta» costura, nunca en diminutivo, pues *las modistillas* se definen como 'de poco valor en su arte', y, que se sepa, *modistillo* ni se oye.

Ni la lengua puede anticipar ni acelerar los cambios sociales, ni ser la culpable de la resistencia al uso habitual de *arquitecta, ingeniera, notaria*... Tampoco de que no se extienda la utilización de *soldada rasa* (título de uno de los libros de mi amigo Pablo Gutiérrez-Alviz, con el que los lectores van a disfrutar de lo lindo). Y eso que ya no son escasas en el ejército. A lo mejor las *camioneras*, todavía en minoría, meten la marcha y pronto acaban tomando la delantera. Al igual que tampoco es responsable la lengua de la inclinación actual a prescindir de algún femenino, como *poetisa*. Mucho chirrió –con razón– lo de *jóvenes* y *jóvenas* (con lo que, por supuesto, no se buscaba equiparar a los que están en la edad «divino tesoro» con los *ancianos* y las *ancianas*), pero nada extraña, en cambio, que haya que «engañar» al procesador de textos para que, si uno intenta escribir *periodisto, artisto* o *futbolisto*, no cambie la *o* final en una *a*.

No, no se va a acabar con el «binarismo» de género desterrando «el uso del masculino como término no marcado». Lo de *el hombre es mortal* vale para todos y todas (y sobra *todes*). El indiscutible objetivo de erradicar toda discriminación, de hacer más «visibles» –no sé si *visibilizar* ha recibido el «visto bueno» académico– a las mujeres, no se va a lograr con contradictorias iniciativas morfológicas que, además, parten de instancias que pretenden actuar al margen de los amos del lenguaje, que somos todos los usuarios. Además, no se puede estar «a(l) dios (académico) rogando», para que intervenga, «y con el palo dando» (a todo aquel al que se le ocurra una sugerencia normativa).

02-04-2022

¿*Hembrista? no, gracias

El *Diccionario* académico, como las farmacias 24 horas, nunca cierra. Docenas de palabras entran continuamente, como ha ocurrido hace poco con *poliamor, pansexualidad, chuche, quedada, rayar, ciberacoso, bitcoin...,* aparte, claro está, de las decenas formadas con {*el, la*} *cóvid* o *covid* (lean un magnífico escrito de P. Álvarez de Miranda) y *corona(virus).* En la región andaluza se ha celebrado la admisión de algunas, como *rebujito,* esa manera poco ortodoxa de *rebajar* (que no *rebujar* 'envolver, cubrir') el fino o la manzanilla. Así que hemos pasado de creer, hasta no hace tanto, que ese tocho de papel que teníamos entre las manos y que en la jerga académica llamábamos «el *DRAE*» era poco menos que intocable, a comprobar –en las diversas pantallas– cómo a diario unas voces desaparecen, muchas más aparecen y muchísimas más se presentan con acepciones nuevas o modificadas.

Eso sí, todo el mundo sigue y seguirá «echando en falta» alguna(s). Me pregunta un lector por qué razón no está *cancillera* (durante 14 años, hasta 2021, Angela Merkel ha sido «*la* canciller» de Alemania), pero no creo le sirva como respuesta (porque no lo es) que sí figura, como palabra de Salamanca 'cuneta de desagüe en las lindes de las tierras labrantías'. A otro extraña que se recojan *feminismo* y *feminista* (además de *femenino, femenil, femenilmente, femeninamente, afeminadamente, femineidad, feminización, feminizar, feminal, feminoide...*), pero no *hembrismo* ni *hembrista* (los escasos derivados de *hembra* tienen alguna marca restrictiva: *hembrear, hembrilla, hembruno*), ni *masculinismo* ni *masculinista.* No parece sorprender, en cambio, que *machismo* y *machista* se asocien a lo 'propio y característico del *varón*'.

Como bastantes comparaciones suelen ser no tanto odiosas como improcedentes, prefiero ahorrarles pensar en por qué tampoco figuran, por ejemplo, *cerdismo* o *cerdista,* y por qué *cerdada* o *burrada* se emplean para referirse a lo que hacen los humanos, no el *cerdo* o el *burro.* O por qué no cesamos de *cabrearnos,* de llamar *cabrón* o *cabrito* a alguno de nuestros semejantes... Y así hasta el cansancio o el aburrimiento.

A diferencia de lo que ocurre con los sustantivos que, sin base «objetiva», tienen adjudicado el masculino (*sol* o *árbol*) o el femenino (*luna* o *mesa*), o con el diferente género asignado a *calzador* y *des-calzador-a*, nada más fácil de entender que el reparto de los seres sexuados en dos grupos. Pero ¿por qué hemos terminado por «enfrentar» *machismo* y *feminismo*? En muchas sociedades con lenguas en que la expresión del *yo* (como la del *tú*) no necesita precisar el género, el supuesto carácter *egocéntrico* del lenguaje ha ido sustanciándose como *egoísmo* de los varones (o «machos»), lo que implica un doble rasero de medición, sin que durante siglos se haya planteado acabar con tal desequilibrio. Los «hombres» (lo empleo como no inclusivo en este caso) han «aplastado» cualquier intento igualitario. Y falta mucho (en una gran parte importante del mundo, todo) camino por recorrer.

Para que fueran aceptados –como sugiere quien me hace la consulta– *hembrismo* y *hembrista, habría que empezar por liberar *hembra* (en latín FEMINA, castellano medieval *fembra*, si bien la consonante inicial pronto sonó como [jembra] –aún se oye en boca de ciertos hablantes de algunas regiones, Andalucía entre ellas–, y acabó enmudecida) de la connotación semántica con que la han ido cargando. Es un término tan antiguo como el idioma, pero la acepción 'animal de sexo femenino' (no extraña que sea la primera en el *Diccionario*) ha condicionado su empleo y el de sus derivados. De hecho, con (*real*) *hembra* no se resaltan más que las cualidades biológicas o físicas de la mujer. Según el *Atlas lingüístico de Andalucía*, en cuatro provincias se ha usado (¿se continúa usando?) como sinónimo de *querida* 'amante, mantenida'. En México y otros países se utiliza para poner de relieve el tamaño y forma de ciertas partes de la anatomía, para lo que, en algunas zonas de Venezuela o Argentina se prefieren transparentes aumentativos. Y algo similar ocurre en Cuba y el Caribe con *hembrón*. En ciertas zonas de América *hembraje* designa indistintamente un conjunto de hembras del ganado o de mujeres. El muestrario sería interminable.

La lengua no puede cambiar ni acelerar los cambios sociales. Para acabar con la confrontación, en lugar de fomentar que el *feminismo* siga siendo una vía de escape o desahogo de la frustración «masculina», habría que conseguir que dejara de ser cosa «de mujeres». Cada vez que se le pregunta a la escritora canadiense M. Atwood si se considera *feminista*, pide que se le precise a cuál(es) de los 75 tipos de *feminismo* se refiere el entrevistador. La etiqueta *hembrista* (¿también propuesta por «hombres»?) apenas admite matices. Y, de igual forma que acoger *varonista* no iba a hacer disminuir el número de *machistas*, parece que no responde a demanda social alguna su entrada en el *Diccionario*. No está el horno para nuevos bollos.

24/04/2021
Cosas de mujeres

En 1950, G. Salvador se percató de que las mujeres de Vertientes y Tarifa, dos pequeñas localidades granadinas, tenían fama de «bien habladas» entre las poblaciones vecinas «por hablar con las *s*» y no ser *yeístas*, a diferencia de los hombres, que pronunciaban ¿*han yegao ya loh niño de la'hcuela*? como gran parte de los andaluces y muchos que no lo son.

En 1981, recién aterrizado en Córdoba, fui invitado a un *peró(l)*, y el anfitrión, un prohombre de la ciudad, tras los saludos de rigor, le indicó, cortésmente, a mi mujer dónde se encontraban «las» demás, y allí dócilmente se encaminó.

Casi nada en común hay entre uno y otro hecho, pero es probable que hoy la discrepancia lingüística en las citadas aldeas de la provincia de Granada se haya esfumado, y seguro que la reacción de quien nos acogía en su finca cordobesa resultaría «políticamente incorrecta».

Los usos lingüísticos reflejan en cada momento toda desigualdad social, como el *racismo*, el *clasismo*... y el *machismo*. Está muy visto (y oído) lo de criticar que en el *Diccionario* académico *cojonudo* sea lo 'magnífico y excelente' y un *coñazo* lo 'latoso e insoportable', pero ¿cambiaría la sociedad si se pudiera imponer «por decreto» *cojonazo* para lo inaguantable y *coñudo* para lo estupendo? Ni la difusión del «pesado» *los ciudadanos y las ciudadanas* o *jóvenes y jóvenas* (hasta se oye y lee *los sujetos y las sujetas*, doblete en que el femenino puede interpretarse de una forma que nada tiene que ver con el género), ni optar por *l@s ciudadan@s* [¿cómo lo pronunciamos?], *ciudadanía*, *juventud*...), ni la proliferación de guías contra la discriminación sexual van a acelerar la consecución de una sociedad más justa e igualitaria.

De las diferentes percepciones que de los movimientos *feministas* (el correlato de *machistas* sería, en realidad, **hembristas*) se han ido sucediendo, deberíamos haber aprendido que el comportamiento idiomático no precede, sino que sigue a las conquistas de las mujeres, y que cualquier intento de acelerar artificialmente un cambio ha de sopesar las consecuencias. ¿Se plasmará en la lengua la reivindicación actual de los «no binarios» de no quedar encuadrados en uno de los dos sexos «tradicionales»? Y, si no parece haberse extendido el uso de *feminicidio* (**femicidio* acabó por descartarse), ¿no será porque *homicidio* 'muerte causada a otra persona' no deja fuera a nadie, lo mismo que en *el hombre es mortal*? El *Diccionario* académico ha sustituido *mujer fácil* 'liviana en su relación con los hombres' (*liviana* 'de moral relajada en lo que se refiere al sexo') por *persona*. Pero es ingenuo confiar en que se generalice (¿alguien va a referirse a los *hombres fáciles*?) y esperar que ello vaya a modificar una situación injustificable. Mientras los hombres estén seguros de que no van a ser socialmente sancionados (al contrario, el hombre «fácil» no deja de gozar de cierto «reconocimiento») y las mujeres no consigan revertir las condiciones que las mantienen en desventaja, las innovaciones semánticas no servirán para mucho. No solo con el adjetivo *fácil* se marca a las pocas de tal conducta, sino con otros términos que gradúan tal «facilidad», hasta llegar a las *lagartas* 'prostitutas', que sí cuestan... dinero. El idioma no tiene la culpa de que en él se refleje el tradicional y secular «control» del hombre sobre la mujer.

Que en los estudios sociolingüísticos la variable *sexo* cada vez pese menos y apenas se tenga en cuenta no quiere decir que el *machismo* (no se emplea **masculinismo*, sí *masculinidad*) haya sido erradicado. En un congreso celebrado en la Universidad de Valencia (1994) sobre el papel de las mujeres en la cultura española y latinoamericana (entre los intervinientes, solo tres varones), todavía hubo que argumentar contra el arraigado estereotipo de la «complementariedad» de hombres (proveedores) y mujeres (procreadoras y cuidadoras), y a favor de la obviedad de que cada cerebro es único y su desarrollo depende de múltiples variables, no de que se sea mujer u hombre.

Tanto como la inutilidad de asirse a la lengua para resolver las desigualdades, preocupa la caída en la cretinez. En la *Guía sobre comunicación socioambiental con perspectiva de género*, editada (con dinero público) por la

Junta de Andalucía (2008), en que se llega a la conclusión de que «el eco-feminismo, es una forma de entender el funcionamiento de la sociedad, basado en la ética del cuidado hacia nosotros/as y hacia los/as demás, así mismo esta ética del cuidado ha de extenderse hacia la naturaleza en toda su amplitud» (les aseguro que no he puesto o variado ni una coma), figura, como pie de una foto en que un bombero intenta rescatar de su casa inundada a una madre que agarra fuertemente a su bebé, lo siguiente: «el hombre, como autoridad y salvador; la mujer como persona débil que tiene que ser salvada». Suponemos que cumpliría con su deber de socorrer, sin esperar a que llegara una *bombera*.

10-05-2020

Gente y personas

En los sucesivos Decretos publicados en el BOE que nos han ido alargando el confinamiento provocado por la pandemia del COVID, se ha abusado de la expresión «las personas trabajadoras», es de suponer que para evitar el cansino doblete «los trabajadores y las trabajadoras», aunque el ahorro de caracteres tipográficos, sobre todo en singular, es casi inapreciable. El *Estatuto de los Trabajadores*, aún vigente, no se planteó tal «problema».

En estos largos días de encierro, los ciudadanos han tomado conciencia del papel de muchos de esos *trabajadores*, y se aplaude la labor, no solo de los *sanitarios*, sino también de los *asistentes* de mayores, *limpiadores, camioneros, transportistas, agricultores...*, sin que preocupe mucho el empleo del género gramatical no marcado o el del femenino para referirse a las *enfermeras* (que son más), a las *camioneras* (que –por ahora– son menos, muchísimas menos), etc. No creo que la resistencia a cambiar la vocal final de *asistente* obedezca a que con el femenino se interprete que «ellas» hacen un trabajo diferente al realizado por «ellos», algo que ni siquiera cabe plantear en el caso de *transportista*, que termina en *-a*. En las residencias de *mayores*, donde viven *personas* que a lo largo de su vida han sido *muy trabajadoras*, el adjetivo sustantivado masculino (en competencia, eso sí, con otras expresiones como *tercera edad*) a nadie discrimina, sea cual sea su sexo.

Lo que no se va a conseguir con ninguna de las elecciones es que, como por encanto, los que de verdad trabajan sean distinguidos de los holgazanes, gandules y perezosos.

Como, entre los gobernantes que elaboran los textos oficiales, hay quienes, no hace mucho, preferían hablar de la *gente*, en singular, podría parecer que los gobernados hemos salido ganando con ello. En realidad, no es así, pues *gente* significa «pluralidad de personas». Lo que pasa es que cuando se cree hallar en la lengua –que no tiene la culpa de ninguna de las muchas y acusadas diferencias sociales– un aparente filón igualador, se intenta su explotación al máximo. Mientras resulte rentable, claro. Bastantes de nuestros representantes políticos, conscientes de que algunos mecanismos de «discriminación» (*cordobeses y cordobesas, niños y niñas*...) pueden empezar a provocar hartazgo y hasta rechazo, tratan de atraer y de captar a los (sobre todo, a *las*) votantes mediante recursos a los que se atribuye una referencia indistinta más eficaz que la del masculino. Y menos mal que no parecen progresar algunos que, de todos modos, únicamente servirían para la escritura: *cordobes@s, niñ@s*...

Por supuesto, la discusión no afecta más que a los términos que conciernen a los humanos. Es verdad que se ha querido plantear incluso para nombrar a la pandemia misma, pero parece que *«la* CORONAVIRUS» no prospera, quizá porque vincular el femenino a algo horrible no «vende», o simplemente no «cuela». Ni siquiera en el mundo animal. Que desde el comienzo se haya permitido romper el confinamiento, como excepción, a los paseantes del *perro*, sin que nadie haya protestado porque lo que tiene es una *perra*, revela que tal distinción, obviamente, nada importa ni siquiera a los partidos políticos animalistas (que tampoco han exigido, que yo sepa, la eliminación de expresiones como *humor de perros* o *tarde de perros*), pues, entre las leyes de protección animal, aún no está el derecho al sufragio. De la *perra gorda* y de la *perra chica*, monedas de 10 y de 5 céntimos de la peseta, solo nos acordamos las «personas mayores», que necesitamos –o vamos a necesitar– ser asistido/a/s por esos cuidadores que hoy –se dice– constituyen una «nueva clase social». De *nueva* tiene poco. Y menos de *clase social*, expresión que ha dejado de asociarse al sustantivo *lucha*, del que fue su complemento habitual durante una época no lejana. Más que recobrar la conciencia clasista, aunque sea loable la intención, lo que habría que lograr es afianzar la que nos identifica a cada uno como *persona* ('individuo de la especie humana') que comparte solidariamente con *todos los* (se incluyen *todas las*) demás cuanto es, y tiene que ser, común. Porque *gente*, singular que implica pluralidad, se utiliza a menudo para destacar más lo *colectivo*, cuando no el *colectivismo*, que lo que ha de ser compartido. Oímos y (nos) hacemos muchas veces en estos días la pregunta del millón: ¿y cuando esto pase?, ¿cambiaremos? No tengo *la* respuesta. No la tiene nadie. Pero la única acepción de la voz *optimismo* del *Diccionario* académico que a mí me convencía ('pretensión de mejorar las cosas y, en la medida de lo posible, perfeccionarlas'), mucho menos ingenua que la primera ('propensión a juzgar las cosas en su aspecto más favorable'), ha desaparecido en su última edición. ¿Será una premonición? Tiene toda la pinta.

24-09-2022
Sin un café, no soy persona

En pleno agosto, se publicó en el BOJA el Decreto regulador de las Academias de Andalucía. Entiéndase, de las «instituciones con relevancia pública en el estudio e investigación de materias científicas, literarias, artísticas y humanísticas en general», no de las «de corte y confección», de las dedicadas a ayudar a los estudiantes con suspensos, etc. Sí, ya sé que el asunto trae sin cuidado a los lectores, y que concierne casi exclusivamente a los algo más de setecientos académicos de las 27 Academias integradas en el Instituto de Andalucía, desigualmente repartidas: unas abarcan varias provincias (como la de Medicina y Cirugía de Andalucía Oriental), Sevilla cuenta con seis (una en Écija), Cádiz con cinco (una en Jerez), Granada con cuatro, en Córdoba solo hay una (la de Ciencias, Bellas Letras y Nobles Artes), y en Jaén, ninguna.

Pero no se inquieten, no voy a hablar de la actividad que llevan a cabo, casi del todo ignorada por la sociedad. Ni de la opinión que, como miembro de la Sevillana de Buenas Letras (además de ser correspondiente de la RAE en Andalucía), tengo formada sobre el papel que desempeñan tales instituciones.

Solo voy a referirme a la expresión «personas académicas de número» con que machaconamente se nos designa en el citado decreto a los *miembros* –término que figura en contadas ocasiones ¿por ser de género masculino?– de alguna(s) de ellas. Hasta diez veces aparece en la decena de líneas que ocupan los artículos 13 y 14, en alguna ocasión con el adjetivo *físicas*, que recuerda al IRPF. Se quiere evitar así el uso no marcado de *académicos* y el de las diversas soluciones (ajenas a la oralidad, conviene no perderlo de vista) más o menos chirriantes que han ido surgiendo en los últimos años: pesados dobletes (*académicos y académicas*); acuñación de un tercer género ([*les*] *académiques* o *académikes*; **académices* alteraría el sonido consonántico); recurrir a la arroba (*académic@s*); servirse –cuando es posible– de rodeos del tipo «quien ostente la titularidad de la presidencia»; etcétera. No me extrañaría que haya llegado a barajarse alguna de las etiquetas integradas en el abanico –no cerrado– que contempla el movimiento LGTBI+.

No hace falta leer el texto administrativo en voz alta (¿cómo hacerlo en el caso de *académic@s*?). Hasta en la lectura reflexiva, algo como «las personas académicas de número serán elegidas por el pleno, sin perjuicio del sistema de designación que los estatutos establezcan para las primeras personas académicas de número que hayan de integrar el pleno constituyente...» recuerda escenas muy conocidas de los hermanos Marx, y uno ríe por no llorar.

Claro es que debe ser motivo de reflexión el que –para no aludir a situaciones ajenas– en la Sevillana de Buenas Letras únicamente haya, por ahora, cuatro académicas. Pero ¿plantea algún problema el uso «inclusivo» del masculino cuando no resulta relevante diferenciar el sexo de sus integrantes? A nadie excluye «somos 30 académicos». En las encuestas que los medios de comunicación casi a diario nos invitan a cumplimentar, no se nos pregunta si somos *aficionados o aficionadas a la música*, si hacemos tal o cual cosa *por nosotros mismos* o *por nosotras mismas*...

Pero tampoco era mi intención adentrarme por ese camino, que cansa por demasiado transitado. Al decantarse por la palabra *persona* (sustantivo femenino, además), los redactores de la norma creen liberarnos del uso (mal llamado) «inclusivo» que, ignoro por qué, se tiene por discriminador. Podría pensarse que algunas de las numerosas acepciones apoyan la decisión, en concreto, las que empiezan con *hombre o mujer* («que se distinguen en la vida pública», «de prendas, capacidad, disposición y prudencia»...). Pero, aparte de que no todas casan con la definición de *persona* («individuo de la especie humana»), y de que podría interpretarse como «elitista» dar por hecho que pertenecer a una Academia constituye una *distinción* ('prerrogativa excepcional') reservada a quienes tienen ciertas *capacidades*, la combinación *personas académicas de número* nada añade a *académicos*, ni tiene ventaja alguna. Menos mal que la coletilla «de número», al evocar a la tropa y asociarse a menudo a frases hechas del tipo «hacer o echar números», rebaja bastante cualquier connotación de superioridad que se asocie al vocablo.

Aparte de que un académico (sea mujer u hombre) no gana nada con pasar a ser, desde que el Decreto ha entrado en vigor, «persona académica de número», no me imagino a ningún hablante llamándolo de un modo tan grotesco como largo. Personalmente, casi me molestaría más que ser identificado como *persona de movilidad reducida*, y esto último al menos me facilita aparcar en determinados sitios de la ciudad. Prefiero seguir siendo una *persona corriente y moliente*, si es posible, *buena persona* (nunca *persona non grata*, y simplemente alguien que cada mañana piense y diga –al igual que tantos otros (hombres o mujeres)– cosas tan sencillas como «hasta que no me tomo un café, no soy *persona*».

09-08-2024
Heroínas

Asisto a la intervención («¿Cómo mentarlas [a las mujeres] bien?») de un antiguo alumno en el I Congreso GEMO [Género y Movilidades], celebrado en la Universidad Hispalense el pasado junio. Cuando acaba su exposición, sigo rumiando la idea con que ha arrancado: apenas ha habido *heroínas* a lo largo de la historia, siempre han sido hombres –y no «descendientes de la unión de un dios y alguien mortal»– los que han llevado a cabo acciones heroicas, o han gestionado, desde su perspectiva masculina, el *heroísmo* de las pocas realizadas por mujeres.

Lo de menos, pienso, es que del masculino *héroe* (voz de origen griego, que –como tantas otras– recibimos a través del latín) casi no quepa su uso «inclusivo», como el que hacemos en frases tan habituales como «el hombre es mortal» (ninguna mujer queda fuera) o «de noche todos los gatos son pardos» (entran las gatas, sin excepción). Es que, en realidad, *heroína* (que nada tiene que ver con su homófono y homógrafo [la 'diacetilmorfina'], que nos llega, por la vía del francés, a fines del siglo XIX) no es «su» femenino más que, si acaso, en la última acepción del *Diccionario* académico ('persona a la que alguien convierte en objeto de especial admiración'), justamente la que requiere más aclaraciones: ¿quién puede ser ese «alguien», al que interesa –por y para qué– «convertir» a otro en *objeto* [?] especialmente *admirable*?; ¿cómo se logra que la conducta de una «persona» sea considerada por los demás fuera de lo común, extraordinaria y sobresaliente...?

Y es que probablemente los nombres de *heroínas* que a algunos se nos vienen a la cabeza de inmediato (la francesa Juana de Arco, en el siglo XV, nuestra Agustina de Aragón, en el XVIII, etc.) poco o nada «suenan» ya a los jóvenes, que, en cambio, están familiarizados con otras (ficticias no pocas de ellas) por mí totalmente desconocidas, como la «superheroína» Wonder Woman, creada por W. Moulton y H. G. Peter hace pocos años, y, por lo visto, icono del *girl power* e inspiradora de las chicas *geeks*.

Sería interesante comprobar cuántos se acuerdan de Valentina Tereshkova (hija de un «héroe», por morir en la II Guerra Mundial), joven obrera en una empresa textil, unánimemente considerada *heroína* (dentro y fuera de la URSS) por haber sido (junio de 1963) la primera mujer que permaneció, en solitario, 70 horas en el espacio, durante las cuales llegó a dar 40 vueltas al planeta. En plena carrera («guerra») espacial con los EEUU, el Kremlin estaba empeñado en asestar un «golpe de efecto» que asombrara al mundo, y creó este símbolo nacional, que después se encargó de alimentar con premios y condecoraciones, nombrándola miembro del Soviet Supremo y del Comité Central del Partido, secretaria del Konsomol y vicepresidenta de la Internacional Socialista de Mujeres... Se trataba de que la aventura acabara encumbrando más a los orgullosos responsables de su puesta en marcha –entre los que sospecho no habría muchas mujeres– que a la protagonista.

Pero la verdad es que el heroísmo ha dejado de vincularse exclusivamente a hazañas y gestas valerosas, bélicas o no, y ni siquiera es preciso que una bala roce la oreja de un candidato a la Presidencia de los Estados Unidos para pasar de «antihéroe» a «superhéroe». De momento, sigue sin haber demasiadas «heroínas» por actuaciones tan dispares –y no necesariamente en provecho y beneficio de otros– como correr (aunque no salgan heridas) delante de los toros en Pamplona, pero ya las hay por jugar bien al fútbol, especialmente si marcan el gol decisivo de un campeonato.

Abundan, eso sí –aunque sin salir del anonimato–, las consideradas *heroínas* e idolatradas por una sociedad que las «necesita», para sacar adelante a la familia –a veces «numerosa»– al tiempo que cumplen 40 horas laborales a la semana en ocupaciones diversas, uno de los modos de «sobresalir» no «compartido» por «los» *héroes*, que «prefieren» entregarse de manera obsesiva a su profesión, como si no existiera nada más importante en el mundo.

A pesar de todo, y sea o no verdad que detrás de la «conversión» de una mujer en *heroína* –sin necesidad de vestirla con un uniforme militar o de ponerla «en órbita»– hay siempre un hombre (o varios), no se puede despachar el asunto como un ejemplo más de «machismo».

Las críticas al *Diccionario* académico por su forma de definir la homosexualidad y nociones afines son constantes, y se han multiplicado desde que se reconoce la diversidad de orientación sexual de hombres y mujeres. Pero conviene no perder de vista sus palabras iniciales: los hablantes son los únicos dueños del idioma. Las palabras no se «desgastan» por el uso como las suelas de los zapatos, somos sus usuarios los que las estamos propulsando continuamente –sin cohete espacial alguno– para funciones no previstas, y quienes las doblegamos y hacemos que se pongan a nuestro servicio. Bastante hacen los lexicógrafos con intentar que no se les vaya el tren en ninguna de las estaciones del viaje (sin destino fijo) que cada una de ellas recorre.

No vayamos a echar también la culpa a los Académicos de la escasez de «heroínas».

23-10-2021

Democratizar el lenguaje

Entrevistado por Beatriz Almeda en el Programa «Andalucía: Retrato lingüístico» (Radio Andalucía Información), A. Martín Fernández declara estar empeñado, con sus encuentros anuales *EnClaro*, en convencernos (no hacía falta) de que no somos tontos por no entender los escritos de la Administración y en *democratizar el lenguaje*. Loable propósito, pues, aunque nada hay más democrático, salta al oído (y a la vista, una vez superada la sima profunda del analfabetismo) la desigualdad de oportunidades de unos y otros para aumentar y potenciar la competencia idiomática, siempre ampliable. Lástima que la definición disponible de *democratizar* sea también manifiestamente mejorable, porque no sé cómo se puede «hacer democráticas las cosas», y en cuanto a lo de «hacer que las personas sean demócratas», hay ejemplos sobrados (no hay que pensar en Afganistán) de que no resulta fácil conseguirlo. De hecho, son muy pocos los países en que se ha alcanzado la plena *democracia* (del griego *demos* 'pueblo'+ *kratía* 'poder').

El término *pueblo* (latín POPULU[M]) es polisémico, aunque se emplean como equivalentes las expresiones *pueblo español* y *nación española*. De connotaciones negativas se han ido cargando derivados tanto de la forma evolucionada, como *pueblerino* (que se asocia a lo rústico, cateto, paleto...), como de la culta, caso de *populachero*. Hasta los dirigentes del Partido *Popular* (muchos de cuyos miembros no son *populares* en ninguna de sus acepciones) acostumbran a coordinar *populismo* –no vinculado a ninguna corriente ideológica en particular– con *nacionalismo, separatismo* y *comunismo*. A un periodista que le pregunta si la guitarra, tan *popular*, puede llegar a ser *populista*, le responde Pablo Sáinz que «puede ser ambas cosas, lo que quiero es crear un puente entre lo *popular* y lo *culto*». Y podríamos seguir.

Muy de agradecer es todo lo que se haga para *allanar* los textos administrativos. Hace años, invitado por los responsables la Delegación de Hacienda en Sevilla, intenté «(de)mostrar» que era posible «aligerar» sus farragosas circulares. Un párrafo como «Considerando el interés que, de cara a los objetivos marcados para el presente año, pudieran tener los resultados obtenidos, una vez concluidas las actuaciones, un resumen de los resultados de las mismas deberán remitirse a la Delegación Especial, con vistas a la elaboración de un informe global a nivel regional para su traslado a los servicios centrales de la Agencia» quedaba, en mi «versión», así: «Cuando estén terminadas [las actuaciones], entregará un resumen a la Delegación, para elaborar el informe regional que se enviará a los servicios centrales». Nada relevante se perdía con la eliminación del 66,3 % de las palabras. Sobra decir que no se me hizo el menor caso.

Pero unos *escritos* que se encuentran en las antípocas del habla espontánea no se *democratizan* simplemente *popularizándolos* ('dándoles carácter *popular*', según la definición académica). Como no son redactados para ser leídos en voz alta, la fonética no cuenta. «Acercarlos» a los destinatarios mediante la sustitución de *tecnicismos* y términos «rimbombantes» (de carácter abstracto) por vocablos de uso común es en la mayoría de los casos improcedente, ya que se corre el riesgo de que se evapore su pertinencia y especificidad significativas (en experiencia personal, ni siquiera me atreví a prescindir de los que, como *actuario*, no estaban utilizados de manera inadecuada). Y, en cuanto a la sintaxis, no son los únicos que se redactan así. Incluso en ciertas actuaciones orales, las cosas no son muy distintas. A propósito de una dura entrada al jugador contrario, un comentarista de un partido de fútbol televisado soltó: «el árbitro se interesa por la integridad física del hombre que perdió la verticalidad», y se quedó tan pancho). Y no se crea que la *claridad* depende de la longitud, entre otras razones, porque ¿cómo se miden los enunciados?

La sintaxis, elaborada en gran medida a partir de la observación de textos, no sirve para el análisis del habla *coloquial*, cuya técnica constructiva descansa en gran medida en el papel decisivo de los recursos prosódicos, capaces de convertir en afirmación una doble negación (*¡no habla ná[da]!*) y un aserto en negación (*¡tendrás quejas de mí!?*).

Pero la transparencia del lenguaje «de la calle», que tiene mucho que ver con la simplicidad de los mensajes, en muchos de los cuales no hay gran cosa que «entender», no es «imitable» por el acartonado de la Administración. Cualquier intento en tal dirección, lejos de lograr su «democratización» y reducir distancias, tendría consecuencias *antidemocráticas*. Porque nunca hay que tirar hacia «abajo», esto es, frenar la aspiración universal a no permanecer anclado en la modalidad que sirve para lo práctico e inmediato, sino que se trata de facilitar el acceso *también* a los registros que, además de hacer aflorar el innecesario carácter críptico de tales comunicados, permiten, no solo informar, sino también comprender y expresar cualquier contenido de pensamiento. Por supuesto, con *propiedad* y con la mayor *precisión* posible. No es, lo sé, nada sencillo.

27-03-2023

Inadmitir

Una compañera de la asociación *Nuevo Diagnóstico de Andalucía* (NDA) pregunta al Portal de Transparencia de la Junta si existe un registro de menores con enfermedades raras, cuyo diagnóstico –según el IRDiRC– debería lograrse en menos de seis meses, dadas las consecuencias fatales del retraso en su tratamiento. Al cabo de varias semanas recibe la respuesta: «Resuelve: Inadmitir la solicitud de información». No puedo reproducir la 'justificación' de tan escueto como contundente rechazo [*inadmitir* es «rechazar por motivos formales, sin entrar en el fondo»], pues desborda la extensión de esta tribuna. Pero una de sus frases la resume a la perfección: «imposible facilitarla, al no ser accesible de forma automatizada». Y, para que no haya duda, y no se haga ninguna nueva instancia o ruego similar, remacha: «*No* se *admite* ninguna petición que requiera una elaboración y tarea de confección».

Ignoro cuántos trabajan en ese «portal», y qué preparación se les requiere para hacerlo. Pero si todas las contestaciones son de ese tipo, bastaría con una sola persona, y sin formación especializada, o no haría falta ninguna, ya que los que hacen tal clase de consultas no suelen ser analfabetos funcionales y saben acceder a cualquier contenido «automatizado».

Si, como parece, lo que ocurre es que no hay registro alguno, sobra decir que el dato que se pide «no es fácilmente asequible». La 'resolución', que se limita a echar balones fuera, resulta *im-procedente* e *in-admisible* ('no se puede permitir ni sufrir'), por pretender camuflar la *im-potencia* con secuencias *in-inteligibles* (de nula 'transparencia'). De modo que, aunque aluda, al final, a la posibilidad de «interponer, en el plazo de dos meses, recurso contencioso administrativo», ¿quién y para qué va a reclamar y qué podría argüir?

Continuamente nos servimos del prefijo negativo *in-* (*inagotable, inabarcable, inaccesible, inadaptado incansable, inviolable, innombrable, indefinido, indeterminado, indeseado, incontable, indecente...*), fonética y gráficamente *im-* ante *b* y *p* (*imberbe, imborrable, impropio, imposible, impreciso, imprudente, impuro...*) y sin consonante nasal en casos como *ilegible, irremediable...* Y no siempre el término negado tiene empleo independiente (*in-*digencia*). Aunque en ocasiones parezca una cuestión de preferencia estilística entre la prefijación y la expresión externa de su negación, no siempre cabe hablar de «sinonimia», sobre todo cuando el término nuclear se cierra con un sufijo que indica 'posibilidad': *impensable / no pensable, inválido / no válido*, etc.

Haber recurrido a *in-admitir* para enmascarar o disimular el *incumplimiento* de un derecho *in-discutible* de los ciudadanos, a los que se intenta callar la boca con envoltorios léxicos *in-significantes* (tanto en la acepción 'de poca relevancia o importancia', que es la que figura en el *Diccionario*, como en la literal 'sin capacidad significativa'), no es fruto de ninguna ingenuidad. Si es posible aplicar el adjetivo derivado *democrático* a un número creciente de sustantivos, como *salud* o *fortaleza*, es porque la democracia se puede reforzar, debilitar e incluso perder, por circunstancias muy diversas. Pues bien, evitar que se produzcan rebajas en los valores democráticos, en las libertades individuales y sociales, es algo que depende de que los representados dispongan de una información veraz, clara y exhaustiva de cuanto llevan a cabo los representantes políticos, y de que no se oculten ni, mucho menos, se falseen los datos.

Cuando, como sucede en este caso, ni siquiera se dispone de la información requerida, que es un derecho *in-discutible*, difícilmente se podrá luchar contra la *in-suficiencia* de recursos dedicados a la investigación de tales enfermedades por parte de los poderes públicos, por lo que seguirán siendo muy escasas las posibilidades de su curación. La *in-atención* o *des-atención* de los miembros más *in-defensos* (ahora se prefiere decir *vulnerables*) de la sociedad por parte de los gobernantes no se puede esconder con el *incomprensible* y falso subterfugio de intentar convencer a los ciudadanos de que es *im-posible* conocer la realidad, simple camuflaje que podría considerarse *in-moral*.

Mucho ha tardado una buena parte de la población andaluza en alcanzar el grado de competencia lingüística que permite desentrañar los textos administrativos. Hasta algunos de los que se tienen por plenamente alfabetizados llegan a pensar que les faltan unos peldaños para estar 'a la altura' de respuestas como esta del Portal de Transparencia. Pues no, los que fallan son quienes escriben enunciados carentes de contenido, *in-digeribles* e *in-fumables* de pura inanidad. Y he dicho escriben porque ¿se imaginan a alguien diciendo a otro «te inadmito», en vez de «no te permito» o simplemente «no te consiento»?

Claro que, en el fondo, la cosa, como en tantos otros casos, es muy simple. No se trata de que no se quiera atender una demanda, sino de que no se puede proporcionar una información de la que no se dispone. Reconocerlo equivaldría a admitir que el trabajo por el que se cobra es *in-necesario*, vamos, *in-útil* y superfluo.

01-09-2023

Efectos indeseados

¡Cuántas veces oímos y leímos, durante su tramitación y, sobre todo, tras su aprobación, que las consecuencias de la conocida como «ley de (solo) sí es sí» (reducción de penas a no pocos encarcelados y excarcelación de algunos de ellos) habían resultado *inesperadas* e *inesperables* para los mismos que la impulsaron. No es que fueran simplemente «no deseadas» (como tantos correos que se cuelan en nuestro ordenador o llamadas telefónicas a la hora de la siesta), sino *indeseables*, adjetivo en cuya difusión moderna quizás influyó la promulgación en ciertos países de leyes para impedir la entrada a todo *undesirable*, como los vagabundos, prostitutas, expresidiarios... De hecho, *indesear* –que no figura en el *Diccionario* académico–

no sería el verbo que se opone directamente a *desear,* término elegido –entre los que tienen un significado cercano, pero no coincidente, como *querer, ansiar, anhelar, tener ganas de...*– para identificar a Fernando VII (que pasó de «el Deseado» a «el Rey felón» 'odiado'), para designar al mismísimo Dios («deseado y deseante», según Juan Ramón Jiménez), para el título de la obra completa de Luis Cernuda (*La realidad y el deseo*), en la última película de Luis Buñuel (*Ese oscuro objeto del deseo*), etc.

El prefijo *in-* no es el único que expresa negación o privación. En un diario que tengo delante, además de informaciones en que se acusa a algunos partidos políticos de volver a *desproteger* a la mujer, de una forense que *desaconseja* el ingreso en prisión de un político por enfermedad, encuentro como titulares de artículos de opinión «Las cosas del *desquerer*» y «La *descivilización*». Al autor del primero le ha parecido insuficiente *desamor* 'falta de amor o afecto', y al del segundo no le basta *incivilidad* (no está en el *Diccionario* académico *incivismo,* pero sí el adjetivo *incívico,* además de *incivil* 'inculto, grosero, ineducado o maleducado') para (de)mostrar el permanente riesgo de descenso de la democracia hasta en países donde parecía *inamovible,* como los Estados Unidos o incluso Francia. Otro colaborador sostiene que los libros acabarán en la basura, barridos por «la gran escoba digital» y que es *imposible no* pensar que la *inmaterialidad* se ha convertido en la nueva materia prima, limpia como un sueño, *sin* olor, *sin* sudor, *sin* manchas, *inviolable*...

La versatilidad semántica de *in-* (en la trifulca que se formó no hace mucho en un parlamento regional alguien tomó *inaudito* 'nunca oído' por un insulto) es extraordinaria: *impecable* tiene muy poco que ver ya con el «pecado»; *inapropiado* no es lo contrario de «apropiarse de» algo; *increíble,* del que tanto se abusa actualmente, rara vez se corresponde con la acepción académica de «imposible o muy difícil de creer»; etc.

Así que la verdadera intención de quienes califican de *indeseados* los efectos de la citada Ley es que los receptores sientan el mismo rechazo que se vincula a vocablos afines, dentro de una escala que iría desde lo que simplemente «no se quiere [que pase]» hasta lo *peligroso, temible, terrorífico, aborrecible, abominable, atroz...* Y quizás no se haya recurrido a *indeseable* por estar este adjetivo reservado preferentemente a las personas, aunque casi nunca se emplee con su acepción «de trato no recomendable», sino que se asocia con otra serie de calificativos cuya «jerarquización» prefiero dejar en manos del lector: *vago, gamberro, golfo, pícaro, granuja, canalla, truhan, maleante, indigno, ruin* 'sin honor, despreciable', *vil, malnacido*...

El uso de *in-* como arma a la vez defensiva y ofensiva nunca es *inofensivo*. Expresiones como *mentiroso* o *sinvergüenza* (acabo de oírlas, junto a *mamarracho*, en boca de un representante político, al dirigirse a un líder sindical), hasta no hace mucho «vedadas», no solo en el Parlamento, sino en cualquier situación formal, empiezan a ser moneda de uso corriente. Pero, en el fondo, nadie ignora que su eficacia es inferior a la de los procedimientos de atenuación o camuflaje. Si no, ¿por qué seguir buscando otras «políticamente (más) correctas» para designar a quienes tienen alguna limitación, que han ido pasando –por ahora– de ser «minusválidos» o «discapacitados» a personas «de movilidad reducida», «con diversidad funcional o/y cognitiva»...? Echar en cara al adversario el que se «aferre al sillón» (manido empleo metafórico del verbo *aferrar*) a costa de lo que sea activa el argumento del descrédito de los «políticos» sin convicciones que se resisten a abandonar el poder, del que –se da por supuesto que «ilegítimamente»– se habrían «apoderado», sin importarles *incumplir* cuanto habían prometido con tal de retenerlo.

Tildar de *indeseados* unos efectos verdaderamente *indeseables* (detestables y aborrecibles) es también una cuestión de contención. Siempre es mejor no pasarse que no llegar, y, desde luego, que incurrir en la mencionada «reinterpretación» de *inaudito*.

16-01-2024

«Desescal(on)ar»

Tan pronto como la *epidemia* del COVID-19 se convirtió en *pandemia*, y se declaró el estado de *alarma*, unas cuantas palabras empezaron a bombardear nuestros oídos y ojos: *cuarentena, virus, vulnerable, contingencia, concienciar*..., incluidas algunas que no están en el *Diccionario*, como *desconfinar* y *desconfinamiento* o *desescalar* y *desescalada*, con que se creía invertir los significados de *confinamiento* y *escalada*, que sí figuran, pero que no se refieren a lo «contrario».

A pesar de nuestro secular *misoneísmo* (aversión a las innovaciones), seguro que harán falta más voces para la *nueva normalidad* a la que nos encaminamos o nos encaminan, aunque la verdad es que lo que anhelamos es la «vieja», la de siempre. Y es probable que esas expresiones «novedosas» nos lleguen prestadas o regaladas por el inglés, la lengua «internacional», aunque en ciertos casos se limita a actuar de intermediaria, como ha ocurrido con *resiliencia*, voz que si no se usa más, es porque, además de no saberse bien lo que significa, no es fácil de articular oralmente.

No extraña que el número de consultas a la Real Academia, cuya autoridad siempre se ha reconocido más en América que en España, se haya multiplicado en los últimos meses casi exponencialmente. Eso sí, al igual que los gobernados casi nunca están contentos con sus gobernantes, a los hablantes no nos gustan todas las definiciones académicas. Muchos (sobre todo, muchas) critican su «machismo», por más que seguir sacando a relucir a estas alturas eso de que *cojonudo* sea lo 'estupendo, magnífico, excelente', mientras que alguien o algo es calificado de *coñazo* cuando es 'latoso o insoportable', ya ni hace sonreír. ¡Como si se pudiera acabar con una desigualdad social por la imposición (¿cómo?) de *cojonazo* para lo malo y *coñudo* para lo bueno! A los judíos les saca de quicio que se mantenga como acepción de *judiada* 'mala pasada, que perjudica a alguien'. Los gitanos no soportan ser calificados de 'trapaceros'. Supongo que a los jesuitas no les hace mucha gracia ser calificados de «hipócritas y taimados». Claro que conozco a franciscanos que de humildes tienen muy poco, por más que se considere prototípica la «humildad franciscana». No parece muy atinado sostener que *moro* es el 'que no ha sido bautizado', pues hay miles de millones sin bautizar que no lo son, sea cual sea la definición de «moro». Desde luego, la acepción que lo describe como 'celoso, posesivo, que tiene dominada a su pareja', no vale para *mora*, pues no hay muchos moros «dominados». Por cierto, por mucho que se haya acabado aceptando *pareja* para 'compañero o compañera del sexo opuesto', no hay par sin dos. ¿Y por qué no se ha tenido en cuenta que 'el [tampoco la] que profesa la religión islámica' –otra de las acepciones de *moro*– puede tener más de una «compañera»? De los *negros*, mejor no hablar. Además de color del luto, es el elegido como calificativo

–con idéntica o parecida orientación semántica– de *cine*, *novela*, *magia*, *bestia*, *dinero* [(*en*) *negro*], *humor*... También se habla de *merienda de negros*. Sus sinónimos más suaves son 'infeliz, infausto, desventurado' o 'muy enfadado o irritado' (*estoy negro*, *me veo negro* [*para*...], *tiene la negra*, *trabaja como un negro*... No sé por qué no se recoge *trabajar como un chino*; sí está *engañar a alguien como a un chino*. No hay duda de que los no pocos hispanohablantes de raza negra deberían ser, con diferencia, los más *cabreados*, verbo aceptado, si bien con la marca «coloquial».

Entonces, ¿para qué «sirve» el *Diccionario*? Para mucho. Lo de menos es que aclare a muchos de la otra orilla del Atlántico a qué nos referimos los españoles con vocablos como *cerilla*, *bragas*, *guasa*..., o con expresiones del tipo *me daba apuro* o *me da pereza*, y a los peninsulares el significado de ingentes cantidades de americanismos más o menos extendidos (en bastantes casos, que la mayoría ni sabe que lo son, no hace falta: *tomate*, *tabaco*, *chocolate*, *cacique*, *loro*...). Su utilidad mayor es facilitar que *todos* los hispanohablantes y los que no lo son puedan desentrañar la aportación de los términos al sentido de los enunciados, orales y escritos. Los académicos actúan como *notarios* de la lengua, que acaba siendo «de cultura» cuando disminuye el número de sus usuarios que «solo» son hablantes, de aquellos a los que ni siquiera se les presenta la oportunidad de emplear términos tan comunes como *universo*, *universal*, *universidad*..., o *libertad*, *igualdad*, *solidaridad*..., puesto que su léxico disponible se reduce al anclado al básico vivir diario: *arar*, *segar*, *cosecha*, *vendimia*, *pan*, *aceite*, *calor*, *botijo*, *frío*, *candela*...

Mientras esto escribo, seguimos obligados a respetar una distancia «social», para evitar el contagio de un virus que ha acabado con la vida de decenas de miles de ciudadanos y ha alterado la de todos. Esperemos que la dura experiencia acabe con o logre reducir el número y tamaño de *escalones* de otro «distanciamiento» *social*, sin que importe demasiado que *desescalonar* no haya sido admitido, por ahora, en el *Diccionario*.

19-02-2022

Nombres, verbos, adverbios, preposiciones

Cuando se acercaban las elecciones de Castilla y León [celebradas en 2022], en el complicado *puzle* de las encuestas previas pocos partidos tenían posibilidades de conseguir escaños, aunque eran muchos los grupos o agrupaciones que obtendrían (más o menos) votos. No todas las siglas eran fáciles de descifrar y retener, como PACMA, un *P(artido) A(nimalista) C(ontra el) M(altrato de todos los) A(nimales)*, y las había que podían inducir a confusión, como UPL (*Unión del Pueblo Leonés*), que alguien quizás llegara a confundir con *Unidas Podemos de León*.

Aunque en el cuadro de opciones figure –sin muchas opciones– hasta una *Vía Burgalesa*, no se prescinde del término *partido* en los que figuran en cabeza (*popular, socialista*). Aunque no aparezcan en las designaciones de otras agrupaciones, más amplias y englobadoras, como (la) *izquierda* o (la) *derecha* (o *ultraderecha*), sí se utilizan en los mítines y propaganda. El *centro* parece continuar estando «maldito», y nada parece modificar su suerte, ni siquiera verse acompañado de adjetivos como *democrático* (*U[nión de] C[entro] D[emocrático], C[entro] D[emocrático y] S[ocial]*), de sustantivos como en *U[nión] P[rogreso] y D[emocracia]*), o simplemente baste *Ciudadanos* como paraguas liberal que hace innecesario todo lo demás.

Distinto parece el porvenir de quienes han recurrido a la simplificación minimalista de otro nombre, esta vez latino, VOX ('voz', con diversas acepciones), subliminarmente asociado al genitivo POPULI, con lo que se salva la proximidad con *popular*, ya «pillado».

Se veía venir la necesidad de superar el dominio de lo nominal, ya «gastado», con la irrupción del verbo. Y aunque hubo algún escarceo con *ser* (*somos*), se temió que lo «esencial» resultara traje demasiado ancho para los votantes normales, por lo que acabó llevándose el gato al agua *poder*, que, al no ser predicable de sí mismo (ni siquiera cuando, de pequeños, medíamos las fuerzas con un *yo te puedo*), es aplicable a todos. Pero no una forma cualquiera, sino la primera persona del plural del que, llamado «presente», es, en realidad, atemporal: *podemos*. Otra cosa es que no haya tardado mucho en atraer y atrapar alianzas, a las que incluso se ha dejado pasar cortésmente primero, como invitadAs, *UnidAs Podemos*, una combinación a todas luces agramatical y excluyente (¿quedan fuera *los* unidos?).

Abierta la espita, y mientras regresa (es posible que no tarde) la invitación a votar a un nombre propio con su apellido (otra cosa es que «Vota a Ángel Ceña» tenga un radio de acción más limitado que el de «Vota a Pedro Sánchez»), se ha optado por *Soria ¡Ya!*, cuya oralización no deja de plantear algunos problemillas, dado el protagonismo concedido al adverbio de la inmediatez y la urgencia que se destaca entre signos de admiración. Al menos, no se oculta el mimetismo de formaciones de otras regiones: «lo vamos a conseguir, porque seguimos los pasos de *Teruel Existe*». No es el primer caso en que se encumbra a un adverbio; en *¡Adelante Andalucía!* se confió en la eficacia de la fácil explotación de las ideas positivas de «progreso» (una vez más), «avance» y «vanguardia».

Del adverbio a la preposición solo hay un paso. «*Por* Ávila» es un brindis en que se encierran todos los deseos venturosos.

Pero el hallazgo más rompedor, por ahora (¿por cuánto tiempo?), es el que vacila entre el adjetivo *vacía* y el participio *vaciada*, si bien parece que la batalla se está decantando en favor del segundo, que mantiene su carácter verbal, con un sentido «pasivo» que permite apuntar a un «agente», culpable del despoblamiento de las zonas rurales. No sorprende que, a diferencia de otros grupos, como los mencionados, o como *Zamora decide* (que se decanta por otro verbo, cuyo sujeto no puede ser otro que los *zamoranos*), cada vez más candidaturas se cobijen bajo este paraguas, con pronósticos no desfavorables.

Más vale que así ocurra (perdón, que haya sucedido ya), porque, de otro modo, los «grandes» partidos se seguirán merendando a quienes se esfuerzan para que la convivencia no se enquiste, y los perdedores, además, se encontrarán cada vez más desamparados y desprotegidos.

Ninguna incidencia tienen en el desarrollo de unos comicios las disquisiciones de un lingüista. Pero, si no ayudar a votar, la gramática puede hacer comprender cómo a veces se quiere orientar el voto por medio de un nombre, un verbo, un adverbio o una simple preposición.

24-10-2023
Esdrujulizando

Una vez designado por el Rey candidato a la Presidencia del Gobierno (tras fracasar la propuesta anterior), Pedro Sánchez evitó durante un tiempo la palabra *amnistía*, pese a que los periodistas le formulaban continuamente, y de modos diversos, preguntas sobre ella. Y aunque en alguna comparecencia optaba por «anticiparse» a los informadores («ya sé lo que lo que quieren saber...»), se resistía a utilizarla. El resto (las manifestaciones en contra, debate y aprobación final de una ley...) es cosa sabida.

A más de un profesional de los medios o tertuliano llamó la atención la insistente «esdrujulización» (y hasta «sobre[e]sdrujulización») por parte del aspirante a presidente de ciertos términos: «no va a haber Ínmunidad», «no se puede gobernar sin reconocer la plÚralidad y la dÍversidad de España», «hacer política implica gÉnerosidad para superar y dejar atrás el *procés* de los Índependentistas»...

Es el español una lengua en que predomina la acentuación llana o grave (*caballo*, *paraguas*), frente al francés (también hijo del latín), cuyas abundantes agudas (*cheval*, *parapluie*) «martillean» nuestros oídos. De ahí que no haga falta marcarlas con tilde en la escritura (salvo que sean voces acabadas en ciertas consonantes, como *difícil* o *lápiz*), a diferencia de las [super]proparoxítonas (*víctimas*, *cántaro*, *rápidamente*) y oxítonas (*café* o *camión*). Otra cosa es que la atonicidad de la sílaba final favorezca –pero no solo en Andalucía– su relajación e incluso eliminación, como se advierte en *tó pa ná* 'todo para nada'.

Con el desplazamiento acentual no pretendía el candidato que *inmunidad*, *pluralidad* o *generosidad* dejaran de ser agudas. Pero sí confiaba en que sus vacuas contestaciones (el abuso en la utilización de ciertas expresiones acaba provocando cierta «oquedad» semántica) sirvieran de aviso a los oyentes de los medios audiovisuales (en los escritos, claro, no se refleja) de que no estaba por la labor de referirse explícitamente a la cuestión. Y esperaba también que modificar el lugar del acento contribuiría a camuflar el foco del interés, al desviarlo hacia lo que, según él, realmente «habría de» ser recalcado e importar «de verdad», aquello en lo que de verdad tendría que «ponerse el acento» (no solo el de intensidad).

¿Lo consiguió? Naturalmente que no. Tampoco logran su objetivo los que persiguen hacer creer que unas secuencias repetidas tienen el poder taumatúrgico de convertir el agua en vino o de conjurar una desgracia colectiva, pues ninguno de ellos llega a pensar que va a cambiar la realidad o, al menos, su percepción. Ahora bien, a diferencia del lenguaje de la religión, en el que se utiliza como arma la invariabilidad (hasta bien pasada la infancia, oía –y recitaba– casi a diario lo que idiomáticamente me chirriaba: «venga a nos el tu reino», el rechazable leísmo de «el pan nuestro de cada día dánosle hoy», etc.), el político (también el de la publicidad) se vale del mecanismo contrario, la variación, aunque, como en nuestro caso, parezca nimia la ocultación o transgresión semántica. He dicho «parezca», porque la prosodia (entonación, ritmo, modulaciones melódicas, además del «acento» en la acepción aquí pertinente) no es solo el alma de la conversación coloquial, sino que también determina la fuerza expresiva en un mitin o en un debate parlamentario.

En lo que sí coinciden todos los usuarios mencionados es en tratar de aprovecharse de la insuficiente madurez de aquellos receptores cuya competencia comunicativa no ha contado con las condiciones necesarias para un desarrollo crítico pleno.

Los dos líderes propuestos (sucesivamente) para ocupar el cargo de mayor responsabilidad del país declararon públicamente (en tono elevado, casi siempre) que el «otro» no decía más que mentiras [*sic*], como si fuera propósito de ambos «acentuar» (reforzar) la opinión extendida de que «todos los políticos son iguales». Tal sospecha, claro es, ha de descartarse, pues, para llevarse el «gato al agua», tenían que ahondar en lo que los separa. Lo que sí buscaban tanto uno como otro era ganar la batalla de los «juegos» verbales, nunca ingenuos ni inocentes (no hace tanto que se utilizó «restricción de la movilidad nocturna» para referirse al toque de queda). Pero el progreso idiomático de cada vez más hablantes impide que esos trucos «cuelen», y el «desencanto» sube como la espuma (se *acentúa*).

No entraré en la discusión acerca del contenido de la *amnistía*, ya que nada original ni novedoso podría aportar a las opiniones (distintas, e incluso contradictorias) que todo el mundo –no solo los juristas– y a todas hora ha expresado oralmente y por escrito. Acabo de oír a un «tertuliano» en una cadena de la televisión pública que «hoy por hoy no sabemos de qué hablamos cuando debatimos sobre la amnistía». Pero sí insistiré en que, por más palabras que se «esdrujulicen» para no tener que emplear la que por el acento es «llana», el significado de esta se ha ido «allanando», haciendo más 'claro y evidente' significativamente, gracias a que los juicios dispares en los medios ayudan a los ciudadanos a confrontarlos y formarse una opinión propia.

Espero que esta observación sobre el intento, sin éxito, de que la alteración de la sonoridad de unos vocablos (*gÉnerosidad, plÚralidad*) «tape» la sustancia semántica de otro (*amnistía*) ayude a los lectores a comprender qué se pretendía con la ocultación de alguno.

2025
Una tilde de más,
para algunos una de menos[1]

Muchos años antes de que pudiéramos percatarnos de lo que «cuesta» escribir, no ya una novela o un poema, sino un simple informe o esta breve «tribuna», comprobábamos que el dominio de las normas ortográficas es fruto de un aprendizaje «costoso» y no equiparable al que nos permite hacernos con otros «códigos». A diferencia, por ejemplo, del de Tráfico y Seguridad Vial, cuyos centenares de artículos –que no cesan de actualizarse– nadie necesita retener con nitidez (y eso que no respetarlos puede

---

1. Por su contenido, y de acuerdo con las preferencias del autor, en este capítulo se ha mantenido –salvo en los ejemplos en que se ilustra la ausencia de ambigüedad– la tilde en el solo adverbio que prefiere conservar el autor. De acuerdo con el *Manual de estilo* de la Editorial Universidad de Sevilla, esa tilde se ha suprimido sistemáticamente en el resto del libro.

llegar a «costar» la vida), vamos asumiendo que *beber* se escribe con dos {b} y *vivir* con dos {v}, pese a pronunciarse de igual modo una y otra consonante. No nos sorprende la gran resistencia a hacer «mudanzas» en la ortografía. La última ocasión en que se introdujeron unas pocas innovaciones y alteraciones (2010), hasta la nimiedad de *permitir* prescindir de la tilde en *sólo* incluso cuando cabe una doble interpretación provocó una polémica que aún dura, y que ha acabado por dividir hasta a los propios académicos entre los partidarios de su eliminación siempre y los de mantenerla cuando actúa como equivalente de *solamente* o *únicamente*. Uno de los defensores de su supresión aduce que el riesgo de equívoco no afecta más que al masculino singular (*Arturo pasea solo/sólo por su jardín*), no al femenino (*Margarita pasea solo/sola por su jardín*) ni, por supuesto, a los plurales de uno y otro género, casos en los que, además, se suele contar con el «refuerzo» de otros vocablos que impiden la ambigüedad: «María y Esperanza pasean solo / solas...»; «*nosotros tres paseamos* solo / solos...». Pero, por sugestivo (y «persuasivo») que parezca tal «argumento», no basta, y no sólo por implicar una cierta «relegación» precisamente del miembro de la oposición dicotómica que en nuestro idioma se habilita, en cuanto «no marcado», para representar a la totalidad de la especie o clase («día nacional del niño«, «el hombre es mortal»), sino porque, en realidad, ni siquiera se trata de una «razón», pues los sistemas ortográficos, incluido el nuestro, cuya notable correspondencia con la realidad «fonética» es la envidia de otras lenguas de cultura (como el inglés o el francés), nada o muy poco tienen que ver con la «lógica».

Sé que acabo de decir una «perogrullada». Y tampoco sería necesario recordar, por sobradamente sabido, que en la conquista de la escritura (que no surgió para reproducir el «habla»), sin la que no cabe entender la «cultura», carecen de relevancia los supuestos «caprichos» ortográficos, como el que se represente un mismo sonido de varias formas («un *k*ilo de *c*astañas *qu*e *c*ompré en el supermercado me *c*ostó el doble *qu*e en mi barrio»), que un mismo signo sirva para sonidos diversos (*c*ielo / *c*ama), o que haya letras que no suenan, como la {h}, o la {u} tras {q}. La voluntad de preservar y fortalecer un instrumento que actúa como protección y escudo defensivo del saber acumulado y de la civilización está por encima de todo eso, y las decisiones que a lo largo de los siglos se han ido adoptando responden a «razones» históricas y útiles pactos «convencionales» acordes con el uso, sin más criterio conductor que el de que las ventajas superen a los inconvenientes a la hora de subsanar las vacilaciones y la inestabilidad. En el caso de *solo*, más que el hecho de que sean abundantes o escaseen las ocasiones en que muchos o pocos lectores, al ver escrito *solo quiero vivir*, puedan dudar acerca de si el emisor ansía la soledad por encima de todo o se conforma con mantenerse vivo, o ante *solo estoy más a gusto* no se esté seguro de si ha querido decir que prefiere estar sin compañía o simplemente que la soledad es una circunstancia sobrevenida, lo que importa es que el papel diacrítico de la tilde facilita la lectura, sin contrapartida alguna, al ahorrar tener que enfrentarse a y deshacer el equívoco.

El rechazo a los cambios innecesarios pone de manifiesto que las discrepancias sobre la ortografía no siempre se dirimen dando la «razón» a unos y quitándosela a otros. Si nadie reclama que dejen de escribirse con letras distintas *acogen* y *acojan*, y si ninguno de los *seseantes* (lo son la inmensa mayoría de los hispanohablantes) muestra el menor interés en arrojar por la borda las {c/z}, ¿no será que saben (o intuyen) que, al abrir la espita de «escribir como se pronuncia», todos van a salir perdiendo?

El aberrante emperramiento de algunos en que los andaluces dispongan de un sistema de escritura «propio», con el que –cada cual como libre francotirador– vaya «resolviendo» las faltas de correspondencia entre pronunciación y grafías, viene a rizar el rizo, al causar insoportables desbarajustes, sin beneficio alguno. Se llega a pretender, por ejemplo, que se escriban de igual modo (como {h} o como {j}), por realizarse por determinados hablantes como «aspiradas», la consonante segunda de «cohone», la implosiva de «ahco» o la inicial de «hembra». Pero ¿qué se gana con «obligar» al lector (en este caso, también al oyente) a averiguar si {caha} está por *caja*, *casa* o *caza*? Me dice un amigo, llamado Sergio, que le chirrían los oídos cada vez que en su pueblo le dicen [he(r)hio]. Menos mal que, supongo, no lo ve escrito {Jerjio}.

Si una simple tilde de más o de menos arma la marimorena, ¡la que se formaría si quienes propugnan que una sola y misma letra represente a todas las sibilantes, de manera que /ceción/ (o /zezión/ o /çeçion/ o /sesión/) valga tanto para *sesión* como para *cesión*, o que se elimine cuanto algunos se «comen» o no pronuncian, lograran arrastrar a unos pocos incautos! Menos mal que no hay el menor peligro de que alguien esté dispuesto a regresar al nuevo analfabetismo que supondría «renunciar» al inmenso tesoro de una escritura hispánica única y común, para embarcarse en algo que sólo [con tilde] serviría para perder el tiempo.

13-01-2025

y... Ý

Tras más de medio siglo tratando de «explicar» nuestra lengua, sigo sin descubrir no pocas de las claves del margen de maniobra –casi ilimitado– con que cuenta el hablante, capaz de transmitir por medio de una expresión un contenido muy distanciado del que tiene (o se le asigna), y con la seguridad de que el receptor va a descifrar sin la menor dificultad lo que ha querido decir. No me refiero a lo de sobra conocido, que se comprueba cada vez que se consulta un diccionario. Abro, al azar, el académico, y a las casi cuarenta acepciones de *mano* (desde 'parte final del brazo' hasta la designación de 'quien abre el juego') y los centenares de construcciones o locuciones de las que forma parte (*de primera mano, echar una mano, manos a la obra, si a mano viene...*), podrían añadirse otras. Invito al lector a visitar cualquier otra entrada referida a otra parte del cuerpo humano, *cara*, por ejemplo.

Los lexicógrafos no tienen más remedio que cortar por lo sano y limitarse a enumerar los usos que consideran más «frecuentes», misión muchas veces imposible.

La copulativa *y* es despachada en muy pocas líneas; se le atribuye el papel que un escolar aprende en las primeras clases de gramática, esto es, coordinar palabras («mesas y sillas») u oraciones («los niños juegan al fútbol y las niñas con las muñecas»), como si de meros sumandos ($2 + 4 = 6$) se tratara. Nada más lejos de la realidad. Con la colaboración de esa en apariencia «insignificante» partícula se pueden establecer variadas y complejas relaciones entre lo que le precede y le sigue, desde cualquier clase de implicación causativa («se me ha estropeado el ordenador y no puedo seguir escribiendo») hasta todo tipo de contraposiciones u oposiciones («me voy y no pienso volver»). Y las posibilidades se multiplican cuando es utilizada para abrir intervención, pues a menudo, lejos de limitarse a «añadir» algo a lo que el interlocutor acaba de decir, es el disparadero de una opinión contraria: «¿Y tú te crees todo lo que te ha dicho?». Incluso aunque agregue a lo que se acaba de oír: «¿Y qué?».

Quizás muchos no lo recuerden, pero el hecho de que, en 2012, Maruja Vilches se convirtiera en la primera hermana mayor de una cofradía de penitencia sevillana tuvo una extraordinaria resonancia mediática. En una de las numerosas entrevistas radiofónicas, el conductor del programa, tras un largo diálogo sobre sus planes de actuación, destacó –a modo de resumen– que, por lo que llevaba oído, las mujeres trabajan más que los hombres. A lo que la entrevistada precisó: «yo, lo que sí puedo decir, es que no descanso más que unos días en agosto, y...Ý!» (los lectores suplirán la entonación, que me cuesta reflejar por escrito). La repetición de una «conjunción» que se define por no poder «cerrar» nada, fue el mejor cierre de la emisión, y así lo entendió el entrevistador, que la despidió agradeciéndole que hubiera aceptado la invitación. Tan contundente final fue, por supuesto, cabalmente interpretado por los miles de oyentes: la recién elegida estaba dispuesta a entregarse en cuerpo y alma, sin descanso (y sin horario) a su nueva responsabilidad, para convertir en realidad los proyectos que había ido desgranando durante un buen rato.

Naturalmente, esas dos *y* no «significan» todo lo que acabo de decir. Pero no se trata de la repetición de una partícula «copulativa». El sentido intencional está determinado por un singular contorno melódico en el que cuentan la pausa que antecede a la primera y la aún más acentuada que retrasa la aparición de la segunda, que, además, no es átona, sino que se articula con acento enfático. La cercanía y distensión que genera este sencillo (?) recurso prosódico, propio de la oralidad coloquial, había atrapado a la «audiencia» de un medio en que no suele permitirse la rebaja de la «formalidad».

No muy distinto es lo que sucede con su «correspondiente» negativa *ni*. Se ha pretendido hacer de la secuencia «no ni ná[da]» (sin nada fonéticamente peculiar, pues es general la no pronunciación de la -*d*- intervocálica) una especie de estandarte de la «expresividad» andaluza, por expresar una afirmación rotunda (frente a «*no* suele comer dulces *ni nada* que tenga azúcar»). Pero lo que hace que tal sucesión de partículas de negación afirme es la específica entonación, que, en la escritura solo es posible «insinuar» (por ejemplo, recurriendo a los signos de admiración «¡no ni ná!»), y que el lector «activa» sin el menor problema.

En efecto, la prosodia, «alma del lenguaje», permite «afirmar» –y de modo tajante–, no solo con tres, sino con dos negaciones («¡no habla ná[da]!»), con una («¡no tiene hambre!») e incluso ninguna («¡¿tendráh queha de mí?!» 'no tienes ningún motivo para quejarte de mi comportamiento'). Con «no habla nada» se niega, y «tendrás noticias mías» es, obviamente, una afirmación, con contorno melódico, el que no debe tildarse de «no marcado» o «neutro», ya que, si con las cosas de comer no hay que jugar, en los usos idiomáticos nunca hay que hablar de «neutralidad». Simplemente, en cada ocasión se opta por el que conviene y es más eficaz. ¿*Y* si no, qué?

21-01-2025
«Deberes» de lengua

Según el *Diccionario* académico, es [profesor] «emérito» el «que se ha jubilado pero mantiene sus honores y alguna de sus funciones». Puedo asegurarles que, en mi caso, no sé a qué «honores» se refiere (sea cual sea la acepción –hay una decena– que se tome de *honor*), y que, cumplidos los tres años en los que tuve, no alguna, sino todas las obligaciones, pasé –sin perder la condición de la «emeritez»– a no tener ninguna. No voy a decir por eso, claro es, que los lexicógrafos no «dan una a derechas», sino que, al no cesar de cambiar de significado las palabras, muchas veces, cuando acaban siendo atrapadas en el repertorio léxico «oficial», la definición acuñada ya ha dejado de ser válida o resulta insuficiente.

Viene a cuento esta disquisición ('divagación, digresión', si se prefiere), porque así me creerán al decirles que, tras bastante más de medio siglo como profesor «de lengua», he perdido la cuenta de las «leyes de Educación» que he ido conociendo, cumpliendo (parcialmente y a regañadientes en bastantes casos), padeciendo... Y aunque a mi trabajo han afectado especialmente las «universitarias», me han preocupado igual o más las que han procurado «reconducir» –se supone que con la intención de mejorarla– la enseñanza de las etapas previas a la entrada en la universidad, de las que no pasan la mayoría de los estudiantes. Dicen algunos «expertos» que la llegada de Internet y las «nuevas tecnologías» ha supuesto (entiéndase por «suponer» 'considerar cierto o real lo que no lo es o no tiene por qué serlo') un revulsivo, incluso una auténtica «revolución», que no tardará en desbancar –si no lo está haciendo ya– los viejos métodos «tradicionales». Y no están hablando de la mera sustitución de pizarra y tiza por la «tablet[a]».

Al grano. Como los padres o tutores siguen pensando que antes está la obligación que la devoción (diversión o juego), en miles de hogares se oye cada tarde la misma pregunta: ¿no tienes [o has hecho ya] los «deberes»? O «tareas», que no sé muy bien cómo llaman ahora a los quehaceres que han de llevar a cabo los escolares fuera del horario lectivo. Mi nieta me pide el ordenador para hacer los de «lengua». No se trata de «ejercicios» directamente planteados por la profesora –que ya se ha «liberado» de tal función–, sino de los que encontrará en cierta página electrónica. En efecto, en unos segundos, se despliega ante sus ojos (y los míos) un amplio abanico de «actividades», sin que figure el responsable de su elaboración. Pero, al parecer, nadie le ha aconsejado cómo y por qué ha de decidirse por algunas en particular, aunque está claro que ha de atinar en cada caso con la opción «correcta» de las cuatro respuestas o «soluciones» que se le ofrecen. He aquí un ejemplo tomado al azar: «¿Cuál es el propósito de los *monosílabos* en español? 1) Hacer oraciones más largas 2) Economizar el lenguaje 3) Crear palabras nuevas 4) Describir emociones». No salgo de mi asombro. Yo descartaría las cuatro, pues los «monosílabos» no pueden tener «propósitos», solo las personas pueden llevar a cabo algo intencionadamente. La pregunta no tiene ni pies ni cabeza, e incluso dando por hecho que, a su edad, tenga claro qué es una «oración»: ¿le habrán enseñado a «medirlas», de modo que pueda discriminar cuáles son «cortas» o «largas»? Prosigamos. ¿Se «economiza ['ahorra'] el lenguaje» [*sic*] gracias al uso de voces de una sola sílaba, como *fin, sol, de, por, ya, va*...? Ignoro si «entran» también los realizados oralmente como monosílabos por acortamiento (*to[do], na[da], ca[da]...*), alguno de los cuales (*p[ara] a[de]lante*) se está poniendo de moda entre ciertos políticos). ¿Cómo es posible ampliar o reducir ('acortar') una secuencia a base de monosílabos? Me salto la tercera opción, porque no sé por dónde va lo de «crear palabras nuevas». Y aunque tampoco comprendo bien eso de que las expresiones monosilábicas «describan o no emociones», pensé que la niña, que de tonta no tiene un pelo, se decantaría por ella, acostumbrada como está a gritar «¡ay!» (duda entre escribirlo así o «hay») cada vez que se golpea o la sacuden, a exclamar «ah!», al comprender o sorprenderse por algo, a reaccionar con un «no» (el «sí» apenas lo usa) cuando se le pide que haga o deje de hacer esto o lo otro, etc. Pues no, tampoco van por ahí los tiros. Y me pide asesoramiento.

¿Qué le digo? Como al final de las «fichas de trabajo», veo en letras de gran tamaño «Únete a los más de 200.000 profesores que ya han mejorado sus clases», no sé si tengo derecho a desautorizar a su «profe», a la que de buena gana telefonearía para decirle que no va a perder el tren de la modernidad por recuperar algunos instrumentos educativos de los «de antes».

Desde luego, a lo que «no hay derecho» es a torturar así a unos escolares de tan tierna edad. De modo que le digo que cierre el ordenador. Y empezamos a trabajar, a la «antigua» usanza, esto es, a desentrañar el sentido de los textos y discursos escritos y orales, sin preocuparnos demasiado por los monosílabos.

01-04-2025
«El tó que tó»

Las lenguas no se «gastan» por el uso, como las suelas de los zapatos. Lo que sí ocurre es que, mientras no dejen de usarse, no cesamos de cambiarlas, de incorporar novedades y de prescindir de lo que deja de servir. Ha venido a mi mente tal obviedad al oír una expresión para mí habitual, no solo en mi infancia, pero sobre cuya vitalidad actual (dentro y fuera de Andalucía) no me atrevo a pronunciarme (agradecería a los lectores cualquier dato o información): «no lo sabría, o, si lo sabía, s'ehtaba haciendo el tonto / *el tó que tó* eh que no me l'ha disho». La confrontación (excluyente o restrictiva) no es «equivalente» a la llevada a cabo por alguna «conjunción» *adversativa* o *concesiva*, por ejemplo, «*aunque* {quizás lo sabía / es posible que lo supiera}, no me lo dijo». Algunas de las personas a las que he preguntado han mostrado su extrañeza, pero ya se ve (se oye, mejor) que «desaparecida» no está.

Pese a que *hablar* es, desde cualquier punto de vista, lo «primero» (y lo único para los muchos millones de analfabetos que aún hay en el mundo), los gramáticos no suelen ocuparse (ni se «enseñan» en la escuela) de fórmulas de engranaje como este giro «contrastivo-conclusivo», en el que se acorta el término repetido *todo*, a menudo, con la *-l* del artículo pronunciada como *-r*, *er tó que tó*. Aunque hace tiempo que se dispone de medios que impiden que el viento se lleve las palabras, los estudiosos continúan anclados en lo «formal», preferentemente lo escrito, y apenas prestan atención a la oralidad conversacional coloquial.

Cuento con que el lector habrá «activado» de modo adecuado la pausa que precede a *el tó que tó*, así como el pertinente contorno melódico del conjunto. Y sobra decir que el hablante no «opta» entre tal expresión y una «conjunción» (¿cuál?). A diferencia de la frase prosódicamente organizada como unidad («es posible que lo supiera, *pero* no me dijo nada» / «*aunque* lo sabía, no me dijo nada»), lo que se consigue con *el/r tó que tó* es reforzar la interdependencia semántica de las secuencias que engarza, por encima de su aparente débil ligazón sintáctica.

Hasta no hace mucho tiempo, a los alumnos que hacían la prueba de Lengua para acceder a la universidad se les pedía que «transformaran» unas oraciones de cuantas maneras se les ocurriera, sin que se viera «alterado» el sentido. Siempre he pensado que con tal ejercicio no se descubría el grado de madurez del estudiante. Invito al lector que haya tenido la paciencia de llegar hasta aquí a aplicarlo a *¡si tú estás delgada, yo estoy hecha un fideo!*, otro tipo de construcción oral, pero que seguramente, no solo habrá escuchado, sino también leído (y escrito). Voy a echar una mano a quien acepte el reto, glosando libremente lo no explícito: 'tú sabes de sobra que no lo estás [delgada], pero, de ser eso cierto, a mí, que [soy consciente de que] no lo estoy, me permitiría afirmar que me encuentro en los huesos'.

Estará pensando alguno que con las soluciones más o menos informales se gana en «economía» lingüística. Pero ¿de verdad es «ahorrar» lo que buscamos al hablar? ¿Puede pensar alguien en serio que es la razón por la que /to/ –que forma parte de otras locuciones, como *en todo caso, a todo esto, con todo [y con eso]*...– se convierte en monosílabo único para sustantivos de los dos géneros y tanto para el singular como el plural: */tó'l coshe / tó loh coshe / tó la noshe / tó lah noshe/*?

¿A dónde quiero ir a parar? A romper una lanza por los *hablantes* que, aunque no seamos capaces de henchir de sentido nuestros usos lingüísticos como lo hacen los creadores literarios, no dejamos de acuñar y valernos de 'rodeos' con que sobrepasamos ampliamente el significado «literal». Y sin engañar a nadie, como hacen los políticos, que constantemente están rebautizando al mismo grupo de personas («minusválidos, inválidos, de movilidad reducida o limitada, disminuidos, con discapacidad, con capacidades especiales...»), sin que ninguna de las denominaciones con que intentan camuflar sus carencias físicas o psíquicas llegue a suponer ventajas notables para los afectados.

Ya se sabe que no es posible «escribir como se habla» (no pasa de ser un ideal estilístico), y que no se debe «hablar como un libro», si no se quiere correr el riesgo de ser «rechazado». Pero las dos cosas –hablar y escribir– se pueden hacer –y se hacen– bien de modos diversos. Y hasta una conversación cotidiana puede llegar a ser literatura, como se comprueba en los diálogos de las novelas de C. Martín Gaite, que este año habría cumplido un siglo.

Y en todos los casos, la clave (lo importante, la cuestión..., *el tó que tó*) está en saber encajar adecuadamente cada uso idiomático en el tipo de intercambio comunicativo en que se participa, y siempre con el «permiso» del receptor, al que nada ha de chirriar, pero que, a su vez, ha de saber tomar la circunvalación o atajo que el interlocutor elige. No vaya a ser que a alguno le pase como a aquel extranjero aprendiz de nuestra lengua al que todo y en todo momento le parecía «de puta madre», y suelte un *el/r tó que tó* en una situación en que no procede, ni le conviene. Puedo asegurar que volver a oírlo me ha hecho revivir(lo).

2025
Las noches de tal y tal

Así se titulaba el programa de televisión que «presentaba» hace más de treinta años (seguro que no pocos lo recuerdan) Jesús Gil y Gil, alcalde de Marbella, presidente del Atlético de Madrid (como escribía hace unos días un colaborador en este mismo diario, se fue haciendo –a golpe de *tal*onario– con los jugadores más «rentables» del momento)..., y también tristemente conocido por sucesos como el derrumbe de un restaurante en una urbanización por él promovida en Los Ángeles de San Rafael, en que murieron casi sesenta personas. El uso constante que de la muletilla *y tal (y tal)* hacía tan singular personaje (no ha dejado de aparecer en los medios desde entonces una imagen en que aparecía semidesnudo en una enorme bañera, rodeado de despampanantes señoritas ligeras de ropa) y su desparpajo atrapaban a una gran audiencia.

Pese a que lo que acabo de recordar invitaría a huir de su empleo, el latiguillo se sigue oyendo machaconamente. No me atrevo a trazar un perfil de sus innumerables usuarios, pero no son los de escasa competencia idiomática. A. Pérez-Reverte, escritor, columnista y académico, lo utiliza por escrito para evocar el riesgo que le supuso haber osado sacar unas fotos cuando cubría la guerra civil de Nicaragua en 1979: «Estamos en el quinto carajo, no hay más testigos que sus hombres, en cuanto pueda me pegará un tiro y luego dirán que me apiolaron los guerrilleros, que caí en un tiroteo *y tal*». Puedo añadir que, en el ámbito de mis amistades, lo oigo una y otra vez, continuamente, en la conversación. Por eso, en lugar de aducir ejemplos, que me obligarían a glosarlos y contextualizarlos, pido a los lectores que, en sus charlas habituales, presten atención y comprueben hasta qué punto está vivito y coleando. Y no les encargo que traten de averiguar su significado, porque casi nadie le encomienda función ni papel alguno en el fluir enunciativo, ni siquiera se tiene conciencia de estar insertándolo machaconamente. A lo sumo, cabe sospechar que se valen de él como un recurso más para no perder el hilo ni el turno de palabra. La copulativa *y* carece de valor coordinante, ya que *tal* no puede agregarse realmente a lo que precede: «estábamos tomando una copa *y tal*, y se acercó X...»).

Aunque de casi todas las formas que se tildan de «superfluas» los gramáticos se limitan a decir que «afean la dicción», y es cierto que acaban siendo algo «chocantes», no he percibido que *y tal* sea «censurada» por los oyentes, ni siquiera que se piense que contribuye a la pesadez del discurso. Se diría que no se «ve con malos ojos» (oídos, más bien) el aprovechamiento de un «cómodo comodín» que para (casi) todo «sirve» pero no «vale» para nada.

Es posible que parte de su «éxito» se deba a que *tal* (de imposible categorización, de ahí que se califique de adjetivo, pronombre, adverbio...) se descarga con facilidad de su primitivo significado «comparativo» y se convierte en un mero indefinido. De hecho, forma parte de un sinfín de variadas expresiones formulísticas, con o sin su correlativo *cual*: *tal y cual, tal para cual, ¿qué tal [estás]?, de tal palo, tal astilla, con tal (de) que*, etc., cada una con su particular «historia», que no creo interese mucho a los lectores.

Quizás sí tengan curiosidad por saber a qué se debe que se eche mano continuamente de una expresión que parece no aportar nada. Porque ¿seguro que es superflua, «sobra»? Hay que torcer el gesto cada vez que se dice de algo que está «de más» en una actuación oral. Desde un punto de vista meramente informativo es muchísimo lo «prescindible», al no añadir «novedad» alguna ¿Por qué, por ejemplo, en lugar de decir una vez *voy*, desplegamos toda una batería reiterativa, *que sí, hombre, que voy, seguro que voy, no te preocupes, que allí estaré*? Al igual que el torero se apoya en la *muleta*, los hablantes lo hacen (los hay que no pueden avanzar un paso sin ellas) en las *muletillas*, cuya definición en los diccionarios resulta intercambiable con la de *latiguillo*, también diminutivo.

No se trata de un hecho aislado ni singular. Tuve un profesor de Biología durante el curso Preuniversitario, en el Instituto de Osuna (Sevilla), que no podía decir más de cuatro palabras seguidas sin que una de ellas fuera *precisamente* (que reducía fonéticamente hasta dejarla en /sisame[n]/). Caso extremo, sí.

Ni se les ocurra decir a alguien con quien mantienen una conversación que le sobra el 95 % de los *y tal* con que la va salpicando, porque es posible que pierdan un/a amigo/a, y no están los tiempos para quedarse sin un «tesoro» por un quítame allá un *y tal*. Por «derroche» verbal nada suele perderse, y algo se puede conseguir. Eso sí, por mucho que a Gil y Gil le proporcionara una publicidad gratuita con que no contaba, el tintineo continuo y sin venir a cuento de *y tal* no resulta placentero al oído, por lo que algunos saldrían ganando si recortaran la utilización constante de *tal* expresión. Precisamente porque no hay mayor reino de la libertad que el del lenguaje, hay que procurar no «cansar» a los oyentes en el hecho social y democrático por antonomasia, en el que todo se comparte.

VI
DE NUEVO SOBRE
LAS *HABLAS ANDALUZAS*

2025 [*Revista de Occidente*, n.º 528]
El español que se habla en Andalucía

El 4 de diciembre («Día de la Bandera de Andalucía») de 2024 se firmó un protocolo o convenio entre la Consejería de Cultura de la Junta y la Fundación A. Rojas Marcos, con el fin de «favorecer, defender, proteger, fomentar el uso [*sic*] del andaluz en colegios, institutos, universidades, instituciones, espacios públicos, medios de comunicación [¿incluidos los escritos?]...», para lo cual se constituiría un grupo de trabajo que «determinará las medidas de impulso del habla andaluza». El dirigente del ya casi extinto Partido Andalucista (cuyas campañas electorales estaban presididas por lemas como «Habla bien, habla andaluz» y «Habla andaluz siempre»), que hace años no ocultaba su admiración por Cataluña («un cañón de pueblo»), declaró: «Yo no hablo castellano, hablo andaluz». Cuesta comprender que diga algo así alguien que se comunica sin ningún problema con todo el que se exprese en cualquiera de las numerosas modalidades de nuestra lengua, que sabe que *castellano* y *español* son utilizados como sinónimos hasta en la actual Constitución española y que todo el que se vale de la expresión *los castellanohablantes* se refiere a *los hispanohablantes*. Todavía más sorprende que, días después, lo repitiera por escrito, pues, aparte de que, como escribió hace años el recordado Antonio Burgos, «la lengua que hablan los andaluces y, por supuesto, de la que se sirven los muchos e insignes escritores de Andalucía *no es otra que la castellana*», resulta imposible encontrar a alguien que *no* hable el idioma en que escribe sin una sola falta de ortografía. Lo contrario, por desgracia, abunda, porque, si bien de la escritura de los andaluces nada especial hay que decir, conviene no perder de vista que, bien entrado el siglo XX, aproximadamente el 70 % de la población andaluza no sabía leer, y al acabar esa misma centuria aún quedaba un 6 % de analfabetas –un 3 % de analfabetos–, y más del 62 % no habían pasado de los estudios primarios, porcentaje que ascendía hasta un 93 % en el caso de las mujeres con más de 50 años. Porque el andaluz no se escribe, ni se escribe «en andaluz». Cosa muy distinta es que de la *transcripción* de ciertos rasgos de pronunciación se sirvan, como herramienta para el análisis del habla, los dialectólogos y –sin necesidad de tanto rigor– los escritores a los que interesa que se «note» la forma de pronunciar de ciertos personajes en una obra literaria, o cuantos queremos que los lectores «vean» cómo suenan ciertos hábitos articulatorios.

Y como tampoco debe de desconocer A. Rojas Marcos que la verdadera patria, la única de la que nadie puede ser expulsado, es la lengua, resulta impensable que voluntariamente decidiera convertirse en un «apátrida», al autoexcluirse de la segunda comunidad idiomática del mundo; solo queda pensar en su pretensión de hacer del *andaluz* una bandera más –que se agregue a la blanca y verde–, para lo cual ha de *ignorar* (en una o las dos acepciones del verbo) el sentido de 'hablar (en) una lengua', e incluso el de *hablar*, verbo que en el *Diccionario* académico se define de modo muy insatisfactorio como «emitir palabras».

He empezado aludiendo a tan radical manifestación –que nada tiene de novedosa, pues es algo que se oye, y se lee, con frecuencia–, porque condensa buena parte de las creencias (que no ideas), más o menos extendidas, acerca del español que se habla en Andalucía, empezando por la reducción del habla a la *pronunciación* (sin caer en la cuenta bastantes de los que lo hacen de que no hay ningún rasgo fonético *exclusivo* de los andaluces –ni siquiera el *ceceo*, pues un fenómeno parecido se da en zonas o puntos de diversos países de América Central, Venezuela, Chile...– ni que sea compartido por todos ellos), creencias que obstaculizan o frenan su cabal conocimiento y valoración. Falta, es verdad, la referencia al gracejo, donaire, (in)genio y «riqueza expresiva», quizás porque el tópico de que el andaluz está «obligado» a hacer reír se asocia «irremediablemente» a la carencia de prestigio de algunos de los rasgos citados, que son los que se imitan, de modo impostado, por quienes no son andaluces, como el *cecear*, realizar la /l/ implosiva como /r/ en [argo] o [mi arma], etc. De ahí que se tienda a camuflar *el* andaluz bajo el amplio y difuso manto de *lo* andaluz. Aparte de que ninguna modalidad del español tiene la exclusiva de la *gracia* (hay excelentes humoristas catalanes, manchegos, argentinos, mexicanos...), no somos pocos los andaluces que carecemos de ella, y no la tiene, o no mucha, considerar *poya* la palabra «estrella» de los *granaínos* (con fama de ser unos «malafoyá»), o *pisha* la de los gaditanos. Es un camino que, pese a no contribuir a que se *conozcan* mejor las hablas andaluzas, sigue siendo transitado incluso en el ámbito académico. En el **PR**oyecto para el Estudio de las *Creencias y Actitudes hacia las Variedades del* **ES**pañol en el siglo XXI [*PRE-CAVES XXI*], se parte de preguntas no procedentes, como *¿dónde se habla mejor el español?*, y se pretende averiguar en qué medida el andaluz es más *suave, rural, rápido, claro, agradable, sencillo,* **cercano,** **bonito**… que otras modalidades del español. Como era de esperar, los resultados, obtenidos de las respuestas de los no muchos encuestados y de nivel homogéneo no hacen más que reproducir estereotipos archiconocidos: los andaluces salen «ganando» desde la óptica *afectiva* (son extrovertidos y divertidos), pero «pierden» por goleada cuando se aplica el prisma *cognitivo*, ya que sale un «retrato de gente retrasada, de perezosos, incultos, confusos, no de fiar (con *fama* de engañadores y hábiles embaucadores)…». No faltan quienes abiertamente opinan que «no se les entiende» e incluso los tildan de «escasa capacidad intelectual».

Dar por sentado que el «natural de» Andalucía está en todo momento alegre y alegra a los demás no es una leyenda mucho menos «fabulosa» que la que atribuye al payaso seriedad, incluso tristeza, fuera de sus actuaciones circenses. Y, en todo caso, está por dilucidar qué parte de «culpa» tienen los usos idiomáticos singulares en tal imaginario, más o menos extendido.

Los andaluces, o una parte de ellos, reaccionan con «indignación» y reclaman la «re-dignificación» de su habla. Pero, dentro de la región, algunos de los usos, como la discordancia en el occidente «*uhtede* los sevillanos *no sabéi* ná d'eso», chirrían –y hasta son objeto de mofa– a los que no los practican. En un día frío pero soleado de diciembre, un joven guía inicia la visita de un grupo a la monumental Villa Ducal de Osuna (Sevilla) diciendo «ponerze ar zolecito», y se apresura a excusarse: «perdonanme, pero eh que yo *ceceo*, y lo veo como riqueza». Nada dijo de su [ar] 'al', de llamar [paerone] a los *paredones*, del continuo «uhtede me vai preguntando…», etc.

La subjetividad ha llevado a la «convicción» de algunos (en la Península, y asumida por una parte de los propios andaluces, pero no trasladada a Canarias ni Hispanoamérica, donde residen bastante más del 90 % de los hablantes de español) de estar ante una especie de «cahteyano mal hablao».

Nada tiene que ver tal juicio con el «enfrentamiento» al que parece aludir el título «Sevilla frente a Madrid» de un trabajo escrito hace más de 60 años por R. Menéndez Pidal, tenido en cuenta por todos los estudiosos, entre ellos M. Alvar, padre de la dialectología andaluza y principal responsable del *Atlas lingüístico y etnográfico de Andalucía* [*ALEA*], a quien por fuerza ha de citarse siempre que se trate del andaluz. Pero lo cierto es que los cambios económicos, sociales y culturales ocurridos en Andalucía desde mediados del siglo XX, que han supuesto un salto desde casi la sima tercermundista a la cima del primer mundo, apenas han modificado la imagen *parcial* (por centrarse la atención básicamente en la pronunciación y algunos campos léxicos) y parcialmente *falseada*, al haberse focalizado la indagación en hablantes que cada vez son menos representativos de la sociedad andaluza. Y eso que, tras la aparición (entre 1961 y 1973) de los seis tomos del *ALEA*, el número de publicaciones no ha dejado de aumentar exponencialmente, hasta el punto de que solo ha recibido mayor atención que las hablas andaluzas el español de México, un país con más de 130 millones de habitantes –la cuarta parte de los hispanohablantes–, frente a los ocho millones y medio de la región andaluza.

A la búsqueda de lo singular

Tras aclarar –no hace falta– que el estudioso del *andaluz* no debe –ni puede– pretender influir en la conducta lingüística de los hablantes, y, mucho menos, contribuir a convertirlo en «símbolo» o bandera de nada ni de nadie, la primera pregunta que ha de plantearse es: ¿cuáles son sus peculiaridades? Y no resulta fácil responder.

En primer lugar, porque, como se ha dicho, nada es «propiedad exclusiva» de los andaluces. Algunos hábitos articulatorios se encuentran muy extendidos fuera de Andalucía. Y no me refiero solo al *seseo* (pronunciar [sesión] –con alguna de las variedades de /s/– tanto *sesión* como *cesión*), generalizado en Canarias e Hispanoamérica, ni a la «caída» o no realización como tal de la *-s* final de sílaba o palabra (*loh cahcoh ihtórico de la siudadeh andalusa*), que, además de en algunas de las citadas áreas del español atlántico, se oye, dentro de la Península, en tierras extremeñas, manchegas y murcianas (consideradas «de transición») y para algunos constituye una «seña» de identidad madrileña (*eh que loh d'aquí hablamoh así*). No llega a tener, ni mucho menos, la escasa aceptación de otras «aspiraciones», como las iniciales de *higo, hambre* o *hembra*, que incluso suelen considerarse –también en la región andaluza– de vulgares. Tampoco estoy pensando, claro es, en la tendencia a «comerse» otros sonidos consonánticos en esa posición (*comé, viví, maldá, reló*) o interiores (*pa*[ra], *to*[do], *ca*[da], *hablao, cantao, caío, vivío, deo*), muy extendida por casi todo el mundo de habla hispana.

En segundo término, porque tampoco hay algo peculiar que compartan todos los andaluces. Con ocasión del «Día Internacional de la Eliminación de la Violencia contra la Mujer» (25 de noviembre), una cadena de televisión programó un debate en que participaron dos andaluzas y una extremeña (la conocida abogada Cristina Almeida). Ninguna de ellas *seseaba* ni *ceceaba*, pero de la boca de las tres (aunque con diverso grado de frecuencia e intensidad) fueron saliendo *debe sé*[r], *emocioná*[l] o *emocioná*[das], *lah cosa*[s], *mah complica*[d]*o*, *ehtá, máh-ayá, loh-operadore hurídico, lah casa d'acohida, muhere superadora, loh problema d'Ehtao, abandoná*[das], *avanza*[d]*o, loh-uhga*[d]*o*[s] 'los juzgados', *trabahá*[r], *pareha sesuá*[l] ('sexual'), *tus-iho*... Ahora bien, ninguno de los informantes de los que los dialectólogos extraen sus datos habitualmente suele ser invitado a intervenir en espacios de debate en los medios audiovisuales.

En la variedad no siempre está el gusto

En una secuencia como «tú no estás hablando ahora [*en*] andaluz», emplear o no la preposición *en* no es del todo indiferente ni baladí. Su uso parece reforzar la percepción (falsa) de que las diversas modalidades *habladas* andaluzas constituyen *una* variedad *homogénea*, e incluso alentar la idea (aberrante), de que el «andaluz» y el «español» son «lenguas» distintas y hasta «enfrentadas». En esto último no merece la pena detenerse. Sí en lo primero, ya que si algo sobresale en las formas de hablar español de los andaluces es su extraordinaria *diversidad* y *heterogeneidad*, así como la gran *irregularidad* con que se distribuyen las abundantes divergencias internas, no solo geográficas, sino también, y sobre todo –como en cualquier modalidad dialectal– socioculturales, así como las derivadas del distinto y cambiante nivel de competencia de los interlocutores y de las circunstancias diversas de cada tipo de acto comunicativo en que intervienen.

El aire poliédrico del fonetismo se comprueba con solo observar los hechos a que más se recurre para su caracterización. Así, los *ceceantes* (tanto *César* como *cesa* suenan [ceza]) son muchos menos que los que *sesean* ([sesa] en ambos casos), no son pocos los *heheantes* o *jejeantes* (al pronunciar [caha] pueden estar refiriéndose a *casa, caza* o *caja*, y sus plurales), pero el grupo más numeroso es ya el de los que no igualan (no igualamos) la pronunciación de tales consonantes y distinguimos –con diferencias en la realización de la /s/ y de la /z/– *sesión* y *cesión*, así como *cogé[r], cose[r]* y *coce[r]*.

Ninguna división idiomática de Andalucía se apoya en una base firme, ni siquiera la que distingue la occidental de la oriental. La abertura vocálica de esta última –que raramente llega a ser *la* marca de plural frente al singular en el sustantivo (*niñO / niño*) y de persona en el verbo (*vienE* [tú] / *viene* [él]), al estar garantizadas tales diferencias casi siempre discursivamente (***tre* o *cuatro* niñO, *¿vienE o te quedä?*)– parece haber llegado hasta la provincia de Huelva. Y la utilización de *ustedes* [uhtede] como forma pronominal única por una parte de los hablantes del occidente (*¿uhtede vai a la boda?*), generalizado en Canarias e Hispanoamérica (si bien sin llegar a la discordancia *¿uhtede se vai a í o se quedái?*), dentro de la región andaluza carece de *prestigio*, noción vinculada al «crédito» social, presente en toda actuación idiomática, pero que quizás en Andalucía actúe con mayor fuerza, por lo que el dinamismo y las alteraciones son más ostensibles.

Palabras, palabras...

Menos apoya el léxico «peculiar» la imagen del *andaluz* como *una* modalidad homogénea del español, y no porque se suela identificar, jocosamente, a los sevillanos como «los *mi-arma*», a los gaditanos por su uso frecuente de *pisha*, a los granadinos por emplear a cada paso *malafollá*, etc. En el terreno más necesitado de filtro y criba, sobran subjetivismo y atomismo, y faltan rigor y congruencia.

Pese a que el *Tesoro léxico de las hablas andaluzas* (2000) contiene más de cincuenta mil entradas (en el *Diccionario* académico hay algo más de 91.000), su compilador, M. Alvar Ezquerra, cierra su «Prólogo» con la afirmación de que «lo *general* en español es también lo más *nuestro* que poseemos [los andaluces]». Lo abro al azar, y de las voces que figuran en la página 344 [de *entamo* a *entinguirillar*] no conozco más que *entavía* y *ente(d) anoche*, meras deformaciones vulgares de *todavía* y *anteanoche*. Son muy raros los *andalucismos* extendidos y empleados por toda la región. Es falso que tengan un peso notable *arabismos* (casi siempre se recurre a unos pocos y mismos ejemplos, como *argofifa*, *argofifá*, por *aljofifa*, *aljofifar*) y *gitanismos* (de la escasa cincuentena que, según M. Ropero, se han incorporado al cante flamenco. ¿Cuántos andaluces y en qué situaciones emplean *camelo*, *camelá*, *gachí* o *gachó*, o conocen *estaribe* 'cárcel' o *cambri* 'embarazada'?). Ni siquiera son necesarios proyectos de investigación para comprobar la caída en desuso de gran parte de las expresiones recogidas a mediados del siglo pasado por los autores del *ALEA*, en muchos casos por haber desaparecido las realidades que designaban. Los numerosos inventarios provinciales, comarcales y locales están plagados de falsas o supuestas «perlas preciosas». En el *Vocabulario del nordeste andaluz. El habla de las Sierras de Segura y de Cazorla* (2001), de A. F. Idáñez de Aguilar, editado por la Diputación Provincial de Jaén, encontramos *perrilla* o *perra chica* (no, en cambio, la *perra gorda* o *grande*), la moneda de cinco céntimos de la «antigua» peseta con que en mi infancia –que transcurrió en un pueblo sevillano muy alejado de esas sierras– se podía comprar lo que ahora cuesta varios euros. Se toman por «particularismos» –más o menos usados/conocidos– los que no son más que «apropiaciones indebidas» o meras deformaciones de términos comunes. He llegado a leer que en no recuerdo qué localidad cuentan con dos términos distintos, *regorvé* [la esquina] y *regorbé* ('vomitar'), por supuesto sin reparar en que sus vecinos no pronuncian de modo diferente la *v* y la *b*. Y estéril resulta el «patriótico» empeño de rescatar voces como *daleao* (¿por qué «superior» o más «expresiva» que *ladeado*?), *jardazo*, (ehtamo) *aviaoh*, acortamientos o deformaciones de vocablos, no pocos de los cuales pueden oírse también fuera de Andalucía. He aquí las entradas de la letra {u} de *Así hablamos (también) el español andaluz*, de M. González Salas: *ucalistos* 'eucaliptos', *Ugenio* 'Eugenio', *Ulogio* 'Eulogio', *Uropa* 'Europa' y *un poné*. El mismo autor, en su *Diccionario del habla sevillana* (2007) asigna a *ca* un triple «significado»: *an ca Manué* 'en casa de Manuel', *ca uno eh ca uno* 'cada uno es cada uno' y *¿ca disho?* '¿qué ha dicho?' (en este caso, con su plural [*sic*], *¿can disho?* '¿qué han dicho?'). Podría haber agregado, ¿por qué no?, cualquier elisión o cambio como consecuencia de los encuentros vocálicos en la cadena enunciativa: *m'a ío* 'me he ido', *m'a pegao* 'me ha pegado', *s'a cansao* 'se ha cansado', *¿t'ah dao cuenta?* '¿te has dado cuenta?', etc.

Nadie está en contra del humor. Pero, aparte de que poca gracia hace a la mayoría de los andaluces ser identificados con la «obligación» de hacer reír, no siempre la risa es signo de connivencia y complicidad de los receptores, en ocasiones es más bien un recurso terapéutico para distanciarse de lo que oyen.

Obstáculos ¿insalvables?

Dado que a los hechos hay que remitirse siempre y que ninguna descripción de una variedad debe basarse exclusiva ni principalmente en lo *diferencial*, lo que lleva a perder de vista que lo común con (todas o parte de) las demás modalidades es muchísimo más que lo distintivo, resulta imposible referirse a todos los rasgos tenidos por singulares o característicos del habla andaluza. Ni siquiera es fácil saber en qué descansa la indudable conciencia «global» que de esta variedad se tiene dentro y fuera de la región.

Entre lo mucho que ha de «sacrificarse», están las relaciones históricas entre el español meridional y el –no menos diverso– hablado en el inmenso espacio al otro lado del Atlántico, sobre cuyo «andalucismo» tanto se ha escrito y sigue escribiendo. Me sitúo junto a los que defienden la idea –simplificadora, pero no errónea– de que la «impronta» andaluza es indudable, pero no me es posible desarrollarla aquí.

En cuanto a los obstáculos con que se tropieza para avanzar en el conocimiento del andaluz, empezaré por lo que quizás sea más fácilmente superable, las discrepancias a la hora de su categorización, en lo que no coinciden ni los responsables del *ALEA*. Mientras para M. Alvar debe considerarse *dialecto*, J. Mondéjar (participó en la fase final de la titánica obra) pensaba lo contrario, y A. Llorente opinaba que *depende* de lo que se entienda por *dialecto*, a lo que G. Salvador añadía que ni siquiera veía procedente plantear la cuestión. Me sumo a lo dicho por los dos últimos.

De las propuestas descabelladas de «escribí-n'andalú», a lo que me he referido en las palabras de «presentación», no merece la pena ocuparse. Aunque haya quien piense que constituyen una vía para su supuesta «[re] dignificación», más bien –de prosperar, algo imposible– obligarían a una estéril «realfabetizción» de una población a la que ha costado mucho tiempo y esfuerzo hacerse con una de las más grandes conquistas sociales: la escritura común.

Sí puede frenar el análisis riguroso del *andaluz* la necesidad de reconciliar, por un lado, el sentimiento (que no «complejo») de inferioridad de los que creen hablar *mú má* ('muy mal'), y, por otro, la creencia ingenua (¿es preciso recordar la obviedad de que no hay modalidades «geográficas» mejores ni peores?), no menos extendida, de que los andaluces han de sentirse *orgullosos* de hablar muy bien. Esto último se ha visto alimentado incluso por escritores de la talla del cordobés Juan Valera («aunque los andaluces *pronuncien mal* el español, le [*sic*] hablan muy bien») o el gallego Gonzalo Torrente Ballester («en Andalucía es donde mejor se habla el castellano, *quitando la pronunciación*»), aunque, como se ve, ambos apartan de la valoración los particulares hábitos articulatorios. El sevillano Manuel Machado nada descartaba: «en Andalucía, y sobre todo en Sevilla, se habla el mejor castellano, el más rico y sabroso castellano del mundo». Pero, claro, «su» universo empieza en Despeñaperros y termina en el Cantábrico, sin cruzar el Atlántico. El *orgullo* (que se asocia a la «presunción» y/o la «altivez», no precisamente virtudes) nada tiene que ver con pronunciar de un modo u otro ni con la utilización de tal o cual palabra vinculada al terruño. De lo que cada individuo puede sentirse *satisfecho* es de alcanzar un nivel de competencia y dominio del idioma cada vez mayor, proceso –sin final– que posibilita servirse de más y más precisos y eficaces recursos para ampliar su círculo moral.

Una parte de la prácticamente inabarcable bibliografía sobre las variedades que se denominan *andaluz* o *habla(s) andaluza(s)*, lejos de contribuir a su mejor conocimiento, lo frena y dificulta, al reforzar lugares comunes, tópicos y estereotipos que se han ido asentando. Son tantos los problemas que me limitaré a remitir a los lectores interesados a la página electrónica del grupo de investigación de la Universidad Hispalense *El español hablado en Andalucía* [*EEHA*], al libro con igual título de A. Narbona, R. Cano y R. Morillo (a su tercera edición, publicada por la Editorial Universidad de Sevilla [EUS], se puede acceder libremente) y al *Nuevo retrato lingüístico de Andalucía*, coordinado por A. Narbona y E. Méndez (Ediciones de la UNIA).

No todos hablan «igual», y cada vez son menos los que lo hacen siempre en un mismo registro

La atención a unas modalidades *habladas* no puede limitarse a los usos de aquellos *hablantes* (sobre todo, si, al ser analfabetos, no tienen acceso a la escritura) a los que prácticamente está vedado «participar» activamente en intercambios verbales que no sean los informales y de confianza sobre asuntos cotidianos y prácticos, que viene siendo la opción de los dialectólogos, cuyo objetivo es hallar lo «singular» y «distintivo». Por esa misma razón, la observación se centra en el léxico que concierne a las faenas agrícolas o domésticas, tradiciones «populares»... El retrato estático resultante no refleja el acelerado ritmo con que se ha ido modificando y sigue cambiando la estratificación social de una región hasta no hace mucho muy atrasada y con un elevado índice de analfabetismo. Es preciso, y urgente, dar cuenta de tal realidad dinámica, en la que sin cesar desciende el número de iletrados y aumenta la competencia idiomática de los hablantes que toman conciencia de la nula o escasa aceptación social de ciertos usos (de los que se van despojando o van atenuando), adaptándose al entorno, algo que tiene ventajas y ningún inconveniente. No necesito recurrir a casos ajenos. Nacido en Aguadulce (Sevilla), me crie (criaron) en Martín de la Jara, pequeña localidad de la misma provincia situada a unos veinte kilómetros (en ninguno de esos dos pueblos se detuvieron los encuestadores del *ALEA*, sí lo hicieron en otros cercanos), donde aprendí a hablar oyendo tildar de «zozo[s]» a quienes carecían de gracia o «caían mal» y de «zucio[s]» a los que no se lavaban mucho (casi todos, pues el agua era un bien escasísimo). El traslado de la familia a la cercana Estepa (población con casi diez mil habitantes y un notable impulso y desarrollo económico), además de marcar mi vida, al abrir la vía de la escolarización, provocó mi paso al *seseo*, mejor dicho, a una de las variantes del *seseo* de las que se dan en Andalucía (diferenciables muchas de las que se dan en Canarias e Hispanoamérica), y empecé a decir «soso[s]» y «susio[s]», y a designar con «cosé[r]» dos actividades, *coser* y *cocer*, que nada tienen en común. No se me «pegó», en cambio, lo de «hablar con la -E» (*poque o muche pesete*), peculiar hábito fonético (no practicado, ni mucho menos, por la totalidad de los estepeños) de la zona en que confluyen las provincias de Sevilla, Málaga y Córdoba, sobre el que, casi por la misma época en que se recogían los datos para el *ALEA*, Dámaso Alonso publicó «En la Andalucía de la *E*. Dialectología pintoresca». Cursar, durante cinco años, casi todo el antiguo Bachillerato en un pueblo de Jaén, rodeado de bastantes compañeros no andaluces, acabó con mis dos sucesivas etapas de igualación de *s/z*, y empecé a pronunciar de forma distinta *casa* y *caza*. Es difícil precisar el grado de conciencia que cada hablante tiene de las alteraciones que se van produciendo en su pronunciación, aunque sí puede decirse que nunca opera como detonante único la superior «reputación» de lo que va incorporando respecto de lo que abandona. Por ejemplo, al «reponer» (algunas de) las */-s/* que cierran sílabas y palabras, que, por supuesto, jamás se omiten al escribir (sería un error ortográfico sancionable). Su no pronunciación, o no como tal, es, sin duda, el rasgo fonético al que más se recurre a la hora de caracterizar el andaluz, pese a que, como se ha dicho, se oye, no solo fuera de la Península, sino en buena parte de toda la mitad sur de esta, al menos hasta Madrid. En unas reuniones que, con la denominación *Investigando las hablas andaluzas*, se han celebrado en los últimos años en Innsbruck, Austria (2018), Granada, España (2019) y Eichstätt, Alemania (2023), muchos de los participantes han proporcionado datos –¿nuevos?– que confirman la casi imposibilidad de comprobar la intensidad, frecuencia y distribución –espacial y, sobre todo, vertical– de las diversas realizaciones o caída de tal consonante (*loh cahco*[h] / *cacco*[h] *ihtórico*; *la ciudade andaluza*).

Pues bien, parecidas reflexiones habría que hacer en relación con la relajación del sonido representado gráficamente como {j} –o {g} ante {e, i}– (*caha, hente*), de la desafricación de la {ch} (*mushasho*), etc.

Y de gramática ¿qué?

Que en la caracterización del andaluz se señalen sobre todo hábitos articulatorios y peculiaridades léxicas correspondientes a unos cuantos ámbitos semánticos y referenciales (el campo, la casa, tradiciones populares...), es algo que responde a que las particularidades gramaticales son escasas (ninguna generalizada en toda la región) y pocas gozan de estimación. Ya se ha mencionado el empleo discordante *uhtede (se) vai* por una parte de los hablantes de la zona occidental y central. Un concejal de la oposición se dirigía así a los del grupo gobernante en el Ayuntamiento de Marbella (Málaga): *aquí, loh único que l'ehtái haciendo daño a Marbeya soi uhtede*. La forma verbal compuesta *fuera+pp* (*si yo fuá htao ayí no fuá pasao eso*) no es, ni mucho menos, solo andaluza, y en Andalucía es tenida por vulgarismo. Y el empleo concordado de *haber* en «aquí solo *habemoh* cuatro muhere», en Hispanoamérica incluso aflora en la escritura: «como no *habían* medios de transporte, el éxodo se intentaba a pie» (G. García Márquez). De la técnica constructiva propia de la conversación coloquial (no analizable si no se cuenta con la prosodia) apenas se han ocupado los lingüistas (de ello trato en *Sintaxis del español coloquial*, publicada por la Editorial Universidad de Sevilla [EUS] en 2015), por lo que de ninguno de sus recursos (no pocos han terminado siendo habituales también en el diálogo formal) puede afirmarse con seguridad que sea exclusivo de alguna variedad dialectal en concreto. Con *para que* + subjuntivo, más que expresar finalidad (*trabajamos para ganar dinero y poder comer*), abortamos algo previsible (*para que se gane él ese dinerito, me lo gano yo*). Y ningún sentido condicional se advierte en la secuencia aparentemente tautológica *yo, si ehtoy con una persona, ehtoy con una persona*, con que reaccionó una actriz famosa ante las dudas sobre su fidelidad insinuadas por el entrevistador. Es el contorno entonativo el que sustenta la intención comunicativa, no solo de esquemas en apariencia «parcelados», como las interrogaciones encabezadas por una especie de «trampolín» previo (*¿tú que quiereh / que me quede ehperando to'l día?*), sino de otros muchos muy variados. Se ha pretendido hacer de la secuencia «no *ni* ná[da]» (ya se ha dicho que la no pronunciación de la *-d-* intervocálica es general) una especie de estandarte de la «expresividad» andaluza, por servir para afirmar con rotundidad. Pero lo que hace que tal sucesión de tres partículas de negación afirme es el contorno prosódico, que cuesta reflejar por escrito (por ejemplo, recurriendo a los signos exclamativos: *¡no ni ná!*), porque no es menos contundente la que se logra con dos (*¡no habla na[da]!*), con una (*¡no te calles!*) o ninguna (*¡tendrás queja de mí!*). Una frase no se convierte en enunciado real hasta que no queda enmarcada por las inflexiones melódicas, el ritmo, la duración de las pausas..., que no son, ni mucho menos, meros elementos «suprasegmentales» superpuestos, y que no han de ser tildados de «marcados», frente a los tenidos por «neutros». Se comprende que el epígrafe que el gran filólogo R. Lapesa dedica al *andaluz* en su *Historia de la lengua española* se abra con estas palabras: «Se opone al habla castellana por su entonación, más variada y ágil, y el ritmo, más rápido y vivaz». Algo especialmente cierto en la(s) actuaciones en que han fijado preferentemente su atención dialectólogos y eruditos.

En el ámbito del léxico, la suma de la progresiva caída en desuso de localismos y regionalismos que se refieren a un mundo ya desaparecido (*entamar, greda, barzón, enjero, tenilla...*) y la incorporación creciente de los mismos neologismos que se van adoptando en los demás dominios del español (entre ellos, la avalancha de anglicismos: *fake-news, light, short, footing, sexy, selfie, whatsapp, tuit –y tuitear–, wifi, on-line, Youtube, web, coach, hacker, marketing, friqui, hall, hobby, gay, pendrive, flash, brunch...*) contribuyen a su nivelación interna y a recortar las distancias con el resto de los hispanohablantes.

Pues bien, fuerzas «niveladoras» afectan también a la pronunciación, a la que siempre se acaba volviendo en todo acercamiento al andaluz. No solo es que, como se ha dicho, haya andaluces que se despojan del *ceceo* (y no porque haya riesgo de que las *zarza*[s] se tomen por *salsa*[s], o al revés, en el caso de *seseo*), dejen de *hehear* (o *jejear*) o de pronunciar *arcarde*, etc. Es que, además, se atenúa el factor de mayor riesgo de desestabilización del andaluz, la inclinación a la «desarticulación», a saber, relajación, alteración y pérdida de sonidos, que, si no llega a provocar más problemas de intercomprensión, es por la simplicidad de los mensajes de los diálogos en que todo ello más se produce.

¿Puede suponer alguna «pérdida» tal proceso *nivelador*, que, obviamente, camina paralelo a la generalización de la escolarización, el fomento de la lectura, el acceso a los medios de comunicación, a las nuevas tecnologías, etc.? Al contrario, todo son «ganancias», pues, aparte de que nadie echa en falta o de menos lo que casi es «peso muerto» en el proceso de producción/descifrado de los discursos orales, cualquier supuesta «merma identitaria» se ve compensada con creces por las ventajas que aporta apoderarse de cada vez más recursos comunes a las variedades de una de las pocas lenguas de cultura del mundo.

Neurólogos, psicólogos, antropólogos y filósofos saben que el papel del lenguaje resulta decisivo en el desarrollo mental, al multiplicar, no solo las posibilidades de atrapar y entender el mundo, sino de ampliar los disponibles y de «crear» otros nuevos. Y no hay nada más engañoso y tramposo que sostener que no todos los ciudadanos «necesitan» los mismos medios idiomáticos. En sentido estricto, nuestras «necesidades» son muy pocas, pero las aspiraciones de todos no tienen límite. Que muchas de estas se satisfagan y hagan realidad depende de la capacidad de aprovechar las oportunidades, pero primero es preciso que estas se presenten. Es tiempo perdido discutir acerca de si «debería» conservarse (o rescatarse) *alcancía* –o *arcansía*– y *zarcillos* –o *sarsiyo*– (que, por cierto, no son vocablos «andaluces») y desterrar *hucha* y *pendientes*, entre otras razones, porque pronto ningún niño va a introducir monedas en un bote para ahorrar, y es ya un hecho que los colgantes (no solo en las orejas, y no únicamente de niñas y mujeres) cada vez se parecen menos a un «circulillo» (<diminutivo de CIRCELLUM) o *arete*.

Lo que importa es que cuantos (todos, en realidad) tienen alguna responsabilidad en la educación y en hacer progresar el bienestar de la sociedad deberían (deberíamos) empeñarse/nos en que no quedara nadie constreñido por sus limitaciones verbales hasta el punto de no poder echar en falta lo que no (sabe que) precisa. Me decía una maestra de un pueblo andaluz que de nada le servía esforzarse en enseñar a los alumnos a decir *tijeras* y *todavía* mientras en sus casas continuaran oyendo *ehtihera* y *ent(o)avía*. Pues estaba equivocada. La escuela ganará esa y otras mil batallas. No sé de nadie –andaluz, zaragozano, palentino u hondureño– que lamente «despojarse» de aquello que carece de prestigio y/o estimación, o que deje pasar voluntariamente las ocasiones de obtener beneficios y ventajas.

Se agarran algunos a la «autenticidad», cuyos principales guardianes –lo dan por sentado– son los usuarios «populares», en los que más fácilmente se encontrarán singularidades léxicas y fonéticas, y de ahí que hayan sido los que más han atraído a estudiosos y eruditos, al ser los menos «contagiados» (apenas han salido de su lugar de residencia) y, en muchos casos –no por casualidad– los menos favorecidos, y no solo económicamente. No pocas de tales peculiaridades resultan de deformaciones provocadas por una acentuada distensión, relajación e inestabilidad articulatorias (*ehcorré* 'descorrer', *santolio* 'santos óleos'). Está claro que, a medida que la región ha ido progresando y prosperando en todos los sentidos, ese sector de la población se ha ido adelgazando, y siendo (mucho) menor su «representatividad».

Aunque la noción de «traición» parezca conceder licencia para acusar de *desleal* a todo aquel que se aparta de lo genuino o *tradicional*, es un clavo ardiendo que hay que soltar enseguida para no quemarse. Además, ¿qué usos lingüísticos, y por qué, requieren juramento de fidelidad? Desde luego, no tienen por qué ser siempre los «antiguos» o los «modernos», pues tanto con la caída de los inservibles –por viejos– como con la irrupción y extensión de los «nuevos» (préstamos y extranjerismos en la mayoría de los casos) se puede fortalecer la eficiencia comunicativa y lograr más y mejores resultados.

* * *

Termino. No hace falta recordar que, si bien *sustancia* y *forma* del lenguaje se exigen recíprocamente, la fuerza del *hablar* no reside en ni depende de su componente material. Lo verdaderamente «significativo» se encuentra más allá del imprescindible soporte de la cáscara fonética.

«Indigna» a los andaluces, con razón. que en el teatro o el cine se haga hablar a las «chachas», labriegos rústicos, catetos y graciosos en general, en un «andalú», a menudo impostado, hipercaracterizado y artificial, en el que se abusa de los rasgos fónicos carentes de prestigio y de los localismos de uso reducido, con lo que se tiene garantizada la comicidad. Un famoso presentador de televisión, «harto» de que le pregunten siempre lo mismo, confiesa que no piensa «quitarse» su *acento* o *deje* andaluz, aunque está dispuesto a «limarlo un poco», sin que a nadie parezca importar qué es ese «poco». Pero el que esos mismos andaluces a los que enfurece que se burlen de su acento sean los primeros en mofarse de rasgos de tal modo de hablar es la mejor prueba de que la risa no necesariamente implica connivencia y complicidad, sino que puede servir también de terapia distanciadora para el receptor, su modo de dejar constancia de que le son ajenos ciertos usos de los que se vale el emisor, a menudo sin otro fin que provocar hilaridad.

Andalucía ya no es la que era. Está a años luz de la situación de aislamiento, marginación, incomunicación, atraso y analfabetismo que refleja el registro idiomático de quienes han sido habitualmente objeto de atención de los dialectólogos, pero que actualmente no representan más que a una minoría de sus habitantes. Las estadísticas lo confirman, y bienvenidas sean. Pero no hacen falta encuestas, sondeos ni porcentajes (que varían constantemente) para comprobar el ascenso continuado e imparable de la competencia oral de un número creciente de andaluces, cuyas conversaciones dejaron hace tiempo de versar sobre una realidad (tareas agrícolas, faenas domésticas, costumbres y tradiciones...) que muchos de ellos, y no solo los jóvenes, desconocen por completo. Como el resto de los españoles, viajan dentro y fuera de España, oyen a hispanohablantes de ambos lados del Atlántico, así como a quienes se expresan en idiomas distintos, que no pocos andaluces comprenden y hablan.

A la región se puede aplicar con entera razón lo que Alfonso Guerra decía en los comienzos de la Transición refiriéndose a toda España, que «ya no la conoce ni la madre que la parió». Y a cuantos viven (vivimos) en ella no se les (nos) pueden seguir endosando hábitos articulatorios, expresiones y giros cada vez menos usados y que algunos incluso rechazan. El mismo político sevillano, hoy miembro de la Real Academia Sevillana de Buenas Letras, no ha renunciado a su *seseo*, ni ha tenido por qué hacerlo. Y eso que, en una reciente emisión radiofónica, al reconocer (*tó eso son sesione*) a su entrevistador que cuantas acababa de enumerarle eran, en efecto *cesiones* que su partido había tenido que hacer para llegar a gobernar en coalición, más de un oyente tardaría un segundo en inferir que no hablaba de *sesiones*.

Si lo prodigioso del lenguaje radica en su capacidad ilimitada para expresar tanto lo real como lo imaginable, y, claro, en la complicidad entre la multiplicidad expresiva del emisor y la interpretativa del receptor, quienes dicen luchar por la superación del mal denominado *complejo de inferioridad* lingüístico de «los» andaluces harían bien en indagar las razones de tal *sentimiento* al margen de los usos lingüísticos. Hay quienes ni siquiera son practicantes de lo que dicen «defender». Sobreponer el habla «del *pueblo*» («en mi pueblo se dice...» es habitual oír) a la lengua común lleva (o llevaría) casi siempre a reducir y cercenar posibilidades comunicativas. Pero los hablantes no tienen ningún empeño en recuperar tal o cual voz por el mero hecho de ser «propia», si ya para nada sirve. Ni en mantener a toda cosa un determinado hábito articulatorio, si su desprestigio resulta patente entre los mismos andaluces. Y no me refiero a los casos llamativos y singulares, como la palatalización de la vocal /a/ (*s'[h]á ío a trabahé al [h]ohpité* 'se ha ido a trabajar al hospital') en «la Andalucía de la -*E*» a que antes se ha aludido, ni a la lógica tendencia a eliminar usos residuales, como la distinción *cayó / calló* (a favor del *yeísmo*, naturalmente), aún vivo en reductos de varias provincias andaluzas, sino al abandono «voluntario» de otros bien vivos, y en los que siempre se han basado las caracterizaciones que buscan sobre todo lo que distancia a Andalucía «de Madrid». Ceder (*dejar*) una parte del *deje* es algo que se lleva a cabo sin pesar ni tribulación alguna. Y sin ninguna conciencia de *deslealtad*, pues nada ni a nadie se traiciona por adoptar lo que no es «extraño», sino también *propio*. Bastantes andaluces «reponen» la -*s* implosiva o final (principal barómetro para algunos del «hablar *fino*») en situaciones comunicativas en que no resulta «fuera de lugar» ni les va a suponer ser tildados de *finolis*. Otros no lo hacen ni para evitar la ambigüedad. La llamada a la calma del consejero de Salud de Andalucía en la fase inicial de la pandemia del COVID («La situación eh preocupante, loh caso siguen creciendo y vamoh a tené una semana dura») llevó a alguien a pensar que era cuestión de «una», no de «unas» semanas, que es lo que quiso decir. Al final, fueron *meses*. Pero no es esto lo que más acaba chirriando en ese tipo de comunicaciones formales, sino el no atinar con el registro adecuado. Unas declaraciones públicas de ese mismo responsable político sobre el desaprovechamiento del *culillo* de las dosis de las vacunas a lo largo de la obligada reclusión de la población generaron una avalancha de comentarios jocosos en casi todos los medios de comunicación, por lo que acabó haciéndose «viral» algo que, en la conversación familiar, hubiera pasado inadvertido.

Ahora bien, ¿cuándo y por qué un uso idiomático no es el adecuado, resulta natural y no «forzado» o se considera falto de espontaneidad? Con mayor razón que en otros tipos de comportamientos sociales, no hay *una* respuesta, pues los hablantes, cuyo grado de *con(s)ciencia* no suele ser alto, no actúan por indicación o sugerencia de institución o instancia alguna; sencillamente se decantan en cada caso por la opción que estiman más «rentable» y «ventajosa». Cualquier circunstancia que modifique la situación contextual (por ejemplo, la incorporación de un nuevo interlocutor, sobre todo si es desconocido) puede hacer que algún hablante amolde, en mayor o menor medida, alguno(s) de sus hábitos articulatorios y eche mano de palabras de las que no se vale habitualmente. En la ceremonia de la boda del hijo de un buen amigo, cordobés, con una malagueña, los testigos de uno y otra, al leer un breve texto preparado o improvisar unas palabras de recuerdo o felicitación, «restituían» las -*s* implosivas o finales. Dejaron de hacerlo en la distendida charla de la celebración posterior.

La polémica acerca de si los profesionales de los medios de comunicación audiovisuales *deben* expresarse o no «en andaluz» (sin que nadie plantee cómo y en cuál) carece de sentido. Como pocos son los regionalismos o particularismos léxicos comunes (y menos los gramaticales) a los que necesitan recurrir en sus intervenciones, aprenden pronto a aquilatar, al dirigirse a los receptores –y no da lo mismo que se trate de un espacio informativo, de entretenimiento, etc.–, cuándo les interesa no pasarse un «semáforo en rojo» al utilizar una expresión, y adaptarse en una u otra medida a la pronunciación tenida por «menos marcada» (¿«estándar»?).

Eso sí, en unos tiempos en que se hacen cada vez más borrosas las fronteras entre el carácter privado o público de una comunicación y la distancia ha dejado de impedir hablar «cara a cara», la *gradualidad* en la utilización de los registros, de lo que he estado hablando desde el principio, no hace más que acentuarse. Pero ello no significa que se hable «más o menos» (en) *andaluz*.

Recapitulación y balance

Mientras la observación siga anclada (casi) exclusivamente en la pronunciación y aquellas parcelas del léxico que ya no constituyen la base de la vida de los andaluces, no contaremos con una buena descripción global de sus diversas y heterogéneas forma de hablar español.

Y de poco servirá seguir discutiendo sobre si tienen más razón los que destacan el mal llamado «complejo de inferioridad» de los (muchos o pocos, no hay forma de saberlo) que hablan «[mú] mal» o quienes están convencidos de que en Andalucía se habla «el mejor español» del mundo. Desde luego, los que no la tienen son los (pocos) que dicen *no* hablar español, sino solo andaluz. En lo que sorprendentemente coinciden unos y otros es en la obsesión por «dignificar» el habla andaluza, que incluso aflora en obras como *La dignidad del habla andaluza* (2018), con un subtítulo tan largo como pretencioso: *La obra definitiva para conocer la belleza y singularidad de una de las hablas más hermosas e influyentes en todo el mundo hispanoparlante*. Su autora, M.ª Nieves López González, que es consciente de que no tiene fácil trasladar su «optimismo» al lector («El habla andaluza ha sido ridiculizada durante siglos, estereotipada por el tópico de la chacha graciosa, del fullero simpático o del analfabeto ramplón»), no parece percatarse de que también numerosos andaluces se «indignan» y no quieren *reconocerse* en ni ser *reconocidos* por unos pocos hábitos articulatorios.

Toda sobrevaloración de las hablas andaluzas que derive de su desconocimiento termina acercándose al dislate. No merece la pena detenerse en publicaciones como *El idioma* [*sic*] *andaluz* (2018), cuyo autor, Miguel

Heredia –que parece derrochar la misma imaginación que en esas «varias novelas de fantasía» que dice tener «pendientes de publicación»–, llega a defender que «el andaluz, con sus 25 vocales [*sic*], que el pueblo maneja en el día a día de su comunicación verbal, *nada tiene que ver con el español*». Pero no se deben pasar por alto otras, como *El andaluz, vanguardia del español* (2018), en que Manuel Rodríguez, doctor en Filología y catedrático de Lengua, al afirmar que las hablas andaluzas constituyen la avanzadilla del español, por «contar solo con 17 fonemas consonánticos [al prescindir de los representados por *z/c* y de la *ll*], frente a los 19 del castellano», *ignora* (no los tiene en cuenta) a *ceceantes* y distinguidores, así como a los no *yeístas*, que los hay. Una antigua amiga de Olivares, en el Aljarafe sevillano, siempre me recuerda que habla «mú má», por no igualar [se] *cayó* y [se] *calló*, pero no por otros rasgos que afloran al decirme, por teléfono, durante el confinamiento, «con la pandemia ehta no sargo pa ná, ehta mañana bemo ío al mercaíLLo, pero bemo-htao un ratiLLo ná má». En todo caso, en esa posición «avanzada» por tener dos consonantes menos (¿por qué no se alude a los que pronuncian como «aspiradas» las /s/ de «la*h* antigua pe*h*eta», la /j/ de «ca*h*a» y la inicial *de* «*h*igo»?) estarían casi todos los hispanohablantes. Y por delante de los andaluces se situarían canarios e hispanoamericanos. Menos mal que en cuestión de usos idiomáticos no hay vencedores ni vencidos, ni los que están en vanguardia corren más riesgo que los de la retaguardia.

2025
El andaluz por montera

El «Día de la Bandera de Andalucía» se firmó un «protocolo» entre la Consejería de Cultura de la Junta de Andalucía y la Fundación Rojas Marcos, con el fin de «favorecer, defender, proteger, fomentar el uso [*sic*] del andaluz en colegios, institutos, universidades, instituciones, espacios públicos [*sic*], medios de comunicación [¿incluidos los escritos?]...», para lo cual se constituiría un grupo de trabajo que «determinará las medidas de impulso del habla andaluza». A. Rojas Marcos fue, además de alcalde de Sevilla, dirigente del Partido Andalucista, que, con campañas electorales presididas por lemas como «Habla bien, habla andaluz» y «Habla andaluz siempre», llegó a contar con cinco diputados en el Congreso en 1979 (terminó disolviéndose en 2015), y no ocultaba su admiración por Cataluña, región que consideraba «un cañón de pueblo». En el solemne acto de la firma del convenio, ante el presidente de la Comunidad Autónoma, declaró: «Yo no hablo castellano, hablo andaluz». A un comentario mío, en que trataba de hacer ver que eso es imposible, respondió descalificándome –eso sí, en un escrito en español, sin una sola falta de ortografía– por haberle recordado obviedades como que a alguien de Buenos Aires no se le ocurriría decir «no hablo español, sino argentino», que con la expresión «los castellanohablantes» nadie se refiere exclusivamente a los de Soria o Toledo, sino a los más de 600 millones de «hispanohablantes», que se han celebrado ya siete congresos internacionales sobre «el español en Castilla» (el VIII está previsto para junio de 2025 en Salamanca)... Y remataba su iracunda «soflama» proclamando su «orgullo de hablar andaluz», dejando para mí el de «hablar castellano». Si así fuera –que no lo es, ambos nos entendemos a la perfección en el mismo idioma–, yo saldría ganando por goleada.

Desconozco si ha sido designado el equipo que debe encargarse de la protección y fomento del empleo del andaluz, pero va a tener muy difícil pasar de las intenciones a la acción y llevar a la práctica tal «proyecto». Por ejemplo, en los colegios, el primero de los niveles de enseñanza citados en el acuerdo. Porque no es raro que en Andalucía un maestro tenga en clase –además de algunos no andaluces de origen–, en proporción distinta en cada caso, alumnos que tildan a sus compañeros de «zozo y zuzio [o zucio]», otros que consideran a los demás «soso y susio» (doy por hecho que todos ellos «aspiran» o dejan de pronunciar las -s finales), sin que falten los que dicen «sosos y sucios». ¿Debe tomar partido por unos –por cuáles– y «corregir» a (los) otros?

La rotunda y radical negación («no hablo castellano») del paladín andalucista revela que ignora lo que significa *Hablar (en) andaluz* (título del volumen publicado el 28 de febrero de 2025, en que he reunido una parte de mis colaboraciones aparecidas en el diario *Abc de Sevilla*), e incluso dudo de que sepa a qué se refiere con «hablar». Porque en esa frase se condensan, si no todos, bastantes de los tópicos y estereotipos, inexactitudes y dislates que impiden o frenan un mejor conocimiento de las hablas andaluzas, al tiempo que implica la inversión del modo habitual de describir y evaluar los usos idiomáticos. Es posible que los dialectólogos, al alejarse de lo que constituye el objeto preferente de atención de buena parte de los lingüistas (la «gramática» de actuaciones «formales» –preferentemente escritas– de usuarios con una notable competencia comunicativa) y anclar su interés en la pronunciación y determinadas parcelas léxicas de que se sirve el «pueblo» en situaciones familiares y de confianza, hayan favorecido la creencia (falsa) de que es eso lo que debe defenderse a ultranza, «impulsarse» y elogiarse, sin que importen su diversidad y heterogeneidad, sus abundantes vacilaciones y oscilaciones, sus acusadas divergencias (no solo geográficas, sino también, y sobre todo, socioculturales), etc. Pero ningún estudioso de las variedades del español llega a dudar de que los andaluces hablan la misma lengua que los castellanos, extremeños, peruanos, chilenos...

Al basarse a menudo la caracterización del habla andaluza en hábitos articulatorios tenidos por peculiares, pero no evaluados positivamente muchos de ellos, se da la paradoja de que, por ejemplo, un conocido periodista andaluz critica a un político, también de Andalucía, porque «con su *ceceo* y "aspiraciones" parece un pastor de cabras». Pero, aparte de que los que apacientan el ganado –a los que ya casi hay que buscar con lupa– no tienen por qué hablar «peor» que los fontaneros o electricistas, no toda realización «aspirada» tiene idéntica (falta de) aceptación, como puede constatarse al oír «tenía tanta *j*ambre, que lo*j* torre*j*no le parecieron gloria bendita, y lo *j*igo un ma[n]*j*á». En todo caso, la «c(u)alidad» del habla no se mide por unos rasgos fonéticos. Claro que tampoco es cierto que *los* andaluces sean los que hablan el mejor español del mundo «quitando la pronunciación», como han dicho algunos insignes escritores, a los que, sin embargo, no les cabe la menor duda de cuál es *su* lengua.

No, no es fácil responder a la pregunta «¿Tan mal hablamos *los* andaluces?», título –que yo mismo le propuse– de la colaboración de Araceli López Serena en el *Nuevo retrato lingüístico de Andalucía* (2022), que coordiné, junto con E. Méndez. Y es que no está bien planteada. Como en todas partes, en Andalucía hay quienes se expresan bien, mal o regular, peor o mejor. Pero siempre hay que precisar dónde, con quién(es), de qué...

lo hace cada uno de ellos. Lo que no procede es renegar de la lengua española y sustituirla por la de una de sus variedades, para, poniéndosela por montera, enarbolarla como bandera.

03-03-2025

Alvar

Pese a haber sido alumno, colaborador y amigo de Manuel Alvar, me ha vuelto a asombrar la aparición de los tres volúmenes de *El español en Argentina y Uruguay*, editados por J. Peña y A. Alvar Ezquerra. Buena ocasión para refrescar la memoria de los olvidadizos y recordar que los seis volúmenes del *Atlas lingüístico y etnográfico de Andalucía* (*ALEA*), que fueron apareciendo entre 1961 y 1973 (la Consejería de Educación de la Junta de Andalucía publicó una edición facsímil en 1991) fueron el primer gran fruto de sus incursiones en la cartografía lingüística. Le seguirían los de Canarias (1975-1978), Aragón, Navarra y Rioja (1979-1982), Cantabria (1995), Castilla y León (1999)..., así como *El español en... el sur de los EEUU* (2000), *la República Dominicana* (2000), *Venezuela* (2001), y otras editadas por sus discípulos tras su muerte (2001, como el de Paraguay (2001), México (2019), Chile (2020)... Y solo constituyen una parte de su inmensa producción científica, que en mayo de 1991 (¡han transcurrido casi treinta años!), en que lo «apadriné» en su investidura como doctor *honoris causa* por la Universidad Hispalense, ya califiqué de «desmesurada» 'fuera de lo común'.

Pero quedarse «embobado» ('suspenso, absorto') o «embelesado» no debe *(ob)nub(i)lar* u ofuscar la mente, y sí llevar a reconocer, con agradecimiento, que su colosal y titánica labor haya posibilitado que cientos, miles, de estudiosos continúen (continuemos) indagando los variados modos de hablar el español en tantos y tan distantes países. Especialmente los andaluces tenemos una deuda impagable, ya que desentrañar cómo y por qué se pronuncia y qué expresiones se usan en los rincones y comarcas de

Andalucía es hoy labor que no puede llevarse a cabo sin revisar previamente el legado de M. Alvar, quien, sin ser originario de la región andaluza, la hizo suya y la conoció y quiso más que los que hemos nacido en ella.

En marzo de 1997 organicé en Sevilla el *Congreso del habla andaluza*, última ocasión en que estuvieron reunidos los máximos responsables del *ALEA*: además de M. Alvar, el salmantino A. Llorente, el granadino G. Salvador, y J. Mondéjar, que colaboró en la fase final. Alvar, al que pedí –era obligado– que trazara una breve «historia» del *Atlas* andaluz, empezó diciendo que «lo que iba a ser un suave caminar por los recuerdos se ha convertido en muchas tarascadas de añoranzas y, también, de tristezas, pues de quienes trabajamos en la obra apenas quedan las sombras que ya no somos». Y resuenan aún en mis oídos los aplausos de los asistentes, puestos en pie, tras las últimas palabras de la intervención de A. Llorente: «Les puedo asegurar que para mí las hablas andaluzas serán tan *repajoleras* como siempre, y recordarlas, que es recordar los mejores años de mi vida, es algo que me conmueve y puede hasta hacerme llorar». En las *Actas*, publicadas antes de que terminara ese mismo año 1997, está cuanto dijeron ambos, así como las intervenciones de los casi cuarenta participantes.

Hacer ver lo que supuso y aún supone Alvar para el estudio del *andaluz* es muy sencillo. Basta, por ejemplo, tomar al azar un par de trabajos sobre el andaluz de los numerosos con que en los últimos años tantos estudiantes han alcanzado la graduación universitaria en Filología. En el que E. Melguizo analiza cómo se comportan los hablantes de Pinos Puente, casi todos *ceceantes,* que se ven obligados a instalarse en la capital granadina, nada sorprende que la mayoría de ellos acaben abandonando el *ceceo* y adoptando la distinción (*casa / caza*), pues hace 53 años escribió M. Alvar que «está claro el prestigio social del *seseo* –y no sólo porque sea normal en las clases instruidas o en Sevilla capital–, frente al *ceceo*, que va quedando relegado a los estratos más bajos de la población». Por su parte, J. Cano, que se ha ocupado de ese mismo hábito articulatorio y de otros («aspiración» de la -*s* y relajación y desafricación de la /*ch*/: *loh mushasho*) en la localidad gaditana de Arcos de la Frontera, reconoce expresamente el «mantenimiento» de la situación descrita en el *ALEA*.

Pero las consecuencias de la investigación de Alvar van mucho más lejos. Una buena parte del léxico por él recogido no «permanece» vivo, no se usa o incluso se desconoce. Y, a menos que hayan visitado algún museo etnográfico, muchos andaluces no han visto un *arado* (el mismo que se utilizaba en la época de Roma) ni un *carro* (no muy distinto del muy anterior a la civilización romana), a cuyos tipos y partes se dedican casi 40 mapas (del 136 al 174) del *ALEA*. ¿Cuántos niños en Andalucía juegan hoy con una *peonza / trompo* o una *perinola*? Y en cuanto a la pronunciación, hoy se cuenta con medios y recursos inimaginables hace tres cuartos de siglo, por lo que se puede afinar acerca de cómo y por qué, en una comunidad que ha salido del atraso y del notable analfabetismo, han ido disminuyendo las oscilaciones y vacilaciones en la heterogénea realización de ciertos hábitos articulatorios, hasta qué punto ha descendido la extensión de algunos, etc.

Aunque sea mucho lo que falta por conocer de las hablas de una Andalucía que ya no es la del *ALEA*, en la parcialmente «fotografiada» por Alvar no hay trampa ni cartón. Sin su enorme esfuerzo, los investigadores posteriores no habrían (habríamos) podido dar un paso. Y los eruditos que se atreven a bucear por los usos idiomáticos de los andaluces sin conocer lo que aportó están condenados a descubrir «mediterráneos» o, lo que es peor, frenan, con sus desbarres el conocimiento de cómo hablamos (español) los andaluces.

28-01-2025

Orgullosos ¿de qué y por qué?

No poco de lo que se dice y escribe acerca de cómo hablan (español) los andaluces provoca desasosiego y desazón y frena u obstaculiza su cabal conocimiento. Si algunos no caemos en el desaliento, es porque puede más el deseo de enfrentarse una y otra vez a las creencias –que no ideas– infundadas y de mostrar que «hallazgos» tenidos por novedosos ya estaban más que descubiertos.

Un ejemplo de esto último es el proyecto *Atlas lingüístico interactivo de los acentos de Andalucía* (*ALIAA*), puesto en marcha en la Universidad de Granada, que, aprovechando las posibilidades de las modernas tecnologías, pretende poner «al día» los datos de la obra titánica *Atlas lingüístico y etnográfico de Andalucía,* llevada a cabo a mediados del siglo pasado por M. Alvar y colaboradores, tras «patear» la región. Como reconoce el máximo responsable de la nueva iniciativa, la «revisión» se centrará, por ahora, en unos cuantos hábitos articulatorios –es decir, en una parte del contenido del sexto y último volumen del ALEA–, y los primeros resultados que se van adelantando (aumento de los que no igualan al pronunciar *sesión* y *cesión,* por dejar de *cecear* o de *sesear,* retroceso de la marcada abertura vocálica de granadinos o cordobeses...) no están revelando nada que no fuera conocido.

En cuanto a lo primero, continúa «en vigor» la vieja sucesión de reacciones en cadena: al victimismo sigue la defensa a ultranza del «andaluz», que, a su vez, desata un sentimiento de orgullo, a menudo desmesurado. Nunca he entendido (ni entenderé) que personas «leídas» crean que alguien, por el hecho de haber nacido en Sevilla o Bogotá, habla «mejor» (o «peor») que los naturales de Valladolid o México, de lo cual debe «enorgullecerse». Ni es algo que exija esfuerzo especial o adicional alguno ni obedece a ninguna noble causa. Para colmo, el orgullo suele ser asociado a la arrogancia o la altivez, que no son precisamente virtudes.

Como a nadie le amarga un dulce, «regalar los oídos» (*halagar,* vocablo ya usado por Berceo en el siglo XIII) de aquellos andaluces deseosos de escuchar que no tienen por qué «acomplejarse», puesto que su variedad hablada, no solo no es «inferior» a ninguna otra, sino que representa el *vanguardismo* y es la que acaba exportándose a Canarias y América, tiene asegurado el éxito de antemano. Sobre todo, si, al mismo tiempo, se tiene la habilidad de ocultar que, en el ámbito de la oralidad, donde no se corren los riesgos que tiene la vanguardia en la guerra, la «avanzadilla» no necesariamente es una posición superior a la retaguardia. De hecho, no todo lo que parece adelantado, ni mucho menos, es evaluado positivamente por los andaluces mismos.

Y, si no, ¿a qué viene el retroceso del *ceceo*? Visité hace poco el pequeño pero interesante Museo Arqueológico de Espera (Cádiz). La encargada de explicar lo más destacable se despidió así: «eh lo último que voy a decí, para que no ze canzéi». No me pasó inadvertida la sonrisita que su (suave) *ceceo* y, quizás, la discordancia de *ze canzéi* provocaron en algunos del grupo, a los que de buena gana les hubiera preguntado –no me atreví– si habrían reaccionado de igual modo si hubieran oído *desí* y *oh canséi* o *se cansen*. Porque ¿en cuál(es) de las tres pautas –*sesear*, *cecear* o no igualar *coser / cocer*, andaluzas todas– estarían «pensando» los casi dos tercios de los encuestados en el último sondeo del Centro de Estudios Andaluces que se «enfadan» e «indignan» cada vez que el «acento» andaluz es objeto de crítica? ¿Es más relevante lo que diferencia a una parte de los andaluces de los del Norte y Centro de la Península, canarios o hispanoamericanos, que lo que separa a unos andaluces de otros? ¿Hay «un» *andaluz* prototípico ideal o perfecto?

Para responder a esas y otras preguntas, hay que empezar por prestar atención –también y sobre todo– a la construcción libre de los enunciados, indesligable de la prosodia, sin lo que no se pueden descubrir las claves que permiten evaluar la adecuación de la conducta lingüística a cada situación comunicativa.

Más sorprendente es que algunos pretendan recuperar la «dignidad» –supuestamente «arrebatada» al conjunto de modalidades habladas andaluzas– a través de una escritura «propia», para lo cual ya han celebrado una decena de *Hunta (o Xunta) d'ehkritoreh (o ehqritorê o ëkkritorë) n'andalü*, aberrante pérdida de tiempo. ¿Habrían salido los mil quinientos millones de chinos de la jungla idiomática en que se movían, de haber continuado sin una escritura común?

Lo que produce satisfacción –y «orgullo», ¿por qué no?–, pero no solo a los andaluces, sino a todos los hablantes, es lograr saber expresarse cada vez con mayor precisión y eficacia, el aumento incesante de su competencia idiomática y comunicativa (oral y escrita). Pero tal «ascenso» (que no es regalo de la tierra) mal se puede descubrir y valorar si se continúa observando única o preferentemente el comportamiento idiomático de quienes no pueden valerse más que del registro de la conversación familiar, como venían haciendo los dialectólogos, o las actuaciones (públicas) de algún «famoso».

Contar con más de media docena de palabras para designar el «botijo» (en la práctica, cada hablante emplea, si acaso, solo una) no es para presumir. Tampoco es para jactarse pronunciar «loh sentroh ihtórico de la siudadeh andalusa ehtán mu abandonao». Por supuesto, nada censurable hay en lo uno ni en lo otro. Pero ¿motivo de *orgullo* o para *enorgullecerse*?

24-02-2025
En cabeza ajena

Una semana de agosto en un apartado rincón del concello gallego de Irixoa. Salgo a dar un paseo para disfrutar de la fresca temperatura, de la absoluta tranquilidad, del paisaje..., y a los pocos metros me topo con el aviso «PROIBIDO EL PASO FINCA PRIBADA CAMINO A 60 m», escrito a mano, en castellano con faltas de ortografía. No me sorprende mucho, no porque, como es sabido, la escolarización en gallego –lengua en que sería «Prohibido o paso. Finca privada. Camiño a 60 m», sin más diferencias que el artículo (*o*) y la {ñ] de *camiño*– es muy reciente, sino porque ¿para qué un anuncio en la lengua regional si los contados vecinos que por allí deambulan no necesitan que se les advierta que en esa finca no deben adentrarse?

Mi mente vuela hacia Andalucía, en la que resulta fácil tropezar con muestras similares, e incluso peores, como «Tanvien ay hanburgesas», o esta de una heladería de Badolatosa (Sevilla), que fue saltando de móvil a móvil: «NO PONGAI BASO ENCIMA, QUE OH SE CAEN».

Calificar de «semianalfabetos» a los que no dominan las normas ortográficas no es más que un modo de simplificar una rampa heterogénea y gradual, bastantes de cuyos grados intermedios se sitúan por debajo de su hipotética línea «intermedia».

Casi lo de menos es que alguien haya escrito «proibido» sin {h} intercalada (que no suena) o «pribada» con {b} (que no se diferencia fonéticamente de la {v}). Escaso contacto con la escritura revela, por ejemplo, optar por la {b} en ese verbo (*revelar*) o por la {v} para *rebelar[se]*, poner «haber si» en lugar de *a ver si [nos vemos]*, etc.

Los usuarios que incurren en oscilaciones y errores ortográficos suelen tener también limitaciones y carencias en la expresión oral, hasta el punto de que, en casos extremos, se les hace (muy) difícil participar en situaciones de comunicación distintas a la coloquial cotidiana en su entorno habitual, dada su recortada capacidad para dar con los vocablos apropiados e insertarlos en moldes constructivos que transmitan contenidos, informativos o no, con claridad y eficiencia.

No estaría haciendo «en voz alta» estas reflexiones, obvias, si hubiera estado escrito «correctamente» el letrero que me salió al paso, precisamente en una Comunidad Autónoma pionera en reformar las pruebas de Selectividad (o como ahora se llamen) para ingresar en la universidad, en las que las faltas de ortografía pueden bajar la calificación hasta un 10 %, sin que nadie, que yo sepa, se haya llevado las manos a la cabeza.

Todo esto me lleva a recordar que llegar a dominar las normas («reglas») ortográficas de un idioma requiere un tiempo y un esfuerzo no desdeñables. Su aprendizaje se inicia en la etapa escolar, y se va afianzando y consolidando (con la lectura, fundamentalmente), sin llegar a ser nunca una práctica enteramente automatizada, a lo largo de toda la vida. A diferencia de otros comportamientos sociales regulados –como el que nos enseña a no cruzar por un paso de peatones hasta que se enciende la figura humana de color verde–, por una falta de ortografía no nos jugamos la «vida», pero limita –en mayor o menor medida– las posibilidades de ver satisfecha la aspiración a *vivir* plenamente que tiene todo ser humano, un objetivo inalcanzable siempre, pero que no se alcanza, sin más, una vez cubiertas las perentorias necesidades «vitales».

No es ningún consuelo que en todas partes (de Galicia a las tierras meridionales de la Península) cuezan las mismas habas, y quizás no sea del todo cierto que «nadie aprende en cabeza ajena». Las lenguas consideradas «de cultura» han logrado hacerse con *un* sistema gráfico común, después de siglos de tanteos y vacilaciones y tras el previo convencimiento de que es empeño imposible plasmar gráficamente la cambiante realidad fonética. Sorprenden las propuestas que lo ignoran ('desconocen' o 'no hacen caso de') y parecen querer echar por tierra la extraordinaria conquista de una ortografía única, mediante su «sustitución» (o bien, «sumándola») por la «transcripción» de ciertas peculiaridades –sin que su selección responda a criterio objetivo alguno– de la pronunciación de una de las variedades idiomáticas. En Andalucía, donde la diversidad y heterogeneidad fonética saltan al oído, cualquier iniciativa de «ehcribí 'n-andalú» se traduciría en una múltiple «realfabetización» de la población, que obligaría, no solo a abandonar la {h}, la {v} (o la {b}), la {j} (¿o la {g}?)..., sino a tomar numerosas decisiones divergentes, por ejemplo, a que, dentro de una misma población, unos escolares escribieran *susio*, otros *zucio* (o *zuzio*), otros *sucio*, y tanto para el singular como el plural. Invito a quienes crean que estoy exagerando a acercarse a cualquiera de las actas de las «reuniones de escritores en andaluz», donde los varios títulos que figuran en portada (*Hunta d'ehkritoreh en andalú, Xunta d'ëhquritorë n'andalú,* etc.) no son más que algunos de los posibles. Menos mal que también aparece en inglés (*Meeting of Andalusian Writers*), lo que quizás «oriente» a alguno sobre lo que en el interior va a encontrar.

No hay muchos andaluces (ni fuera de Andalucía) dispuestos a perder el tiempo «perdiéndose» en tan variopinto galimatías de «opciones», se supone que todas «válidas», y, por tanto sin riesgo de cometer «faltas de ortografía», pero, eso sí, igualmente inservibles.

2025
...con freno ¿y marcha atrás?

Mi primer escrito «(en) serio» sobre el *andaluz* apareció, en una revista de la Universidad de Málaga, en 1979, con un título, «Problemas de sintaxis andaluza», que adelantaba –sin ser aún totalmente consciente de ello– la que iba a ser mi (pre)ocupación preferente: el estudio de las hablas andaluzas no dejará de ser una tarea «problemática» ('que presenta [muchas] dificultades') mientras los estudiosos sigan sin superar las limitaciones de la obra titánica *Atlas lingüístico y etnográfico de Andalucía*, coordinado por M. Alvar, llevada a cabo en una época en la que la atención solo podía y tenía que centrarse casi exclusivamente en la pronunciación y en aquellas parcelas del léxico en que lo distintivo y diferencial afloraban de forma patente.

En los años transcurridos desde esa primera incursión personal, mi propósito, inalcanzable, continúa siendo poner de manifiesto que no poco de lo que sobre los usos idiomáticos de los andaluces se ha dicho y sigue diciéndose (y se escribe), lejos de aclarar, enturbia. Sin «desaliento» y sin arrojar la toalla, he reflexionado sobre las razones o factores que han frenado, y continúan frenando, el avance del conocimiento de cómo se habla español –de cómo se escribe nada especial hay que decir– en Andalucía. Y empiezo a entrever a qué se debe que se progrese tan lentamente. Voy a referirme a uno de los factores.

Bastantes de los miles de escritos, de muy distinto rigor, surgidos en el ámbito académico, permanecen –por falta de capacidad o voluntad– acumulando polvo en las estanterías de las bibliotecas universitarias, y su proyección social es prácticamente nula. Ello ha facilitado, y favorecido, que proliferen y se difundan publicaciones de eruditos o simples aficionados que, sin más «armas» que la observación y experiencia propia, se lanzan a amontonar palabras y giros y/o a destacar hábitos articulatorios que consideran «singulares» de Andalucía –en la mayoría de los casos de tal o cual comarca o localidad–, y, a menudo, «interpretan» y evalúan de manera subjetiva, arbitraria o caprichosa. E igualmente, que hayan ido –y sigan– apareciendo «vocabularios» (o «diccionarios») en los que, sin criterio alguno, se ordenan alfabéticamente (muchas veces «transcritas» como «suenan») cuantas expresiones «oyen», da igual si es a diario o en boca de muy pocos y en rara ocasión. No hace falta esforzarse para encontrar «perlas», basta abrir cualquiera al azar. En uno de los últimos que me ha llegado, el *Diccionario del habla de Olivares* [localidad cercana a Sevilla], de T. Vélez, figuran, casi en la misma página, «¡imo!» (*primo*), como «interjección exhortativa de confianza», «inte» (*ínterin*), «ivierno», «inritar»... No extraña que nada de eso se recoja, por ejemplo, en el *Diccionario del habla granaína* [*sic*], de A. Leyva, donde, en cambio, aparece destacado «abín» 'anda que no' («¡abín que no te lo dije!»), que –da por supuesto– no traspasa los límites de esa provincia (¿o de su capital?). En ninguno de los dos, ni en otros muchos, se hace referencia a los tres (!) usos de «ca» que se dan como exclusivos de los sevillanos en el *Diccionario del habla sevillana*, de M. González Salas: apócope [*sic*] tanto de *casa* («an ca Vicente») como de *cada* («ca uno eh ca uno») y «contracción de la forma verbal *que ha*» [*sic*] («¿ca disho ehte»?), en este último caso con su plural («eso eh lo can encargao»). Pero los dos primeros acortamientos (de *cada* y de *casa*) sí figuran en el *Diccionario del habla malagueña*, de E. del Pino, eso sí, como «vulgarismos». Por cierto, el «diccionario» de Sevilla), que se subtitula *Fraseología, voces y matices peculiares en 3000 definiciones de 'andar por casa'*, responde al propósito del autor («reírnos de la propia sombra»), pero no se cumple lo de «sin olvidar la seriedad»), que agrega, para mí más importante, pues para hacer reír hace falta ser (muy) «serio», ya que, de lo contrario, todo se reduce a un intento de provocar la carcajada con gruesas ocurrencias.

Podríamos continuar. Lo inadmisible es que la extraordinaria heterogeneidad de ciertas parcelas del léxico en la región andaluza siga alimentando el paroxismo de los supuestos particularismos exclusivos «de (toda) Andalucía».

Los títulos hasta aquí citados, una pequeña muestra de los existentes, han sido publicados por la misma editorial, en la que también han aparecido (por ahora) dos entregas de un *Palabrario* [término que no está en el *Diccionario* académico y al que se recurre para referirse a lo que no es más que un juego] *andaluz*, en el que D. Hidalgo ha ido acumulando «expresiones del habla popular».

Si siguen multiplicándose y difundiéndose obras de este tipo, se corre el riesgo de que casi nadie nos tome «en serio», entre otras razones, porque muchas de ellas ni siquiera «pertenecen» al ámbito al que se asignan. ¿Cuántos, quiénes y cuándo emplean hoy en la localidad sevillana de Coripe *quilar* para «fornicar»? Lo malo es que los mismos que se entretienen y toman a chanza los usos idiomáticos de los andaluces se enojan, y de qué modo, cada vez que alguien (andaluz o no) se mofa de ellos. Por esa vía, en lugar de llegar a saber cómo se habla (español) en Andalucía, se está impidiendo o frenando una aproximación rigurosa. Es cierto que no poco de lo recogido en el *ALEA* ha pasado a ser «arqueología», pero lo es más que sus autores no pretendían hacer reír y, mucho menos, que se rieran de los andaluces.

2025
Presunsión d'inosensia

Una profesora de Lengua Española de la Universidad de Málaga ha rastreado (en un artículo de más de 30 páginas) los continuos intentos de «ridiculización» –entre 2020 y 2023– del «acento andaluz» de M.ª J. Montero, entonces portavoz del Gobierno. Si bien recoge mi opinión de que se trata de un asunto sociolingüístico mal planteado, nada cambia su propósito de acumular muestras «glotofóbicas». Como suele ser habitual, apenas hay referencia a algún uso concreto en las críticas del supuesto «mal hablar» de la política sevillana, quien, es verdad, tampoco desaprovecha ninguna oportunidad –sobre todo, desde que se ha hecho pública su candidatura a la Presidencia de la Junta de Andalucía– para explotar, con una pizca de jactancia, el filón «acentual», que, a la postre, queda reducido a la igualación *seseante* y «pérdida» o «aspiración» de las -*s* en posición implosiva («eh obligasión de toda lah fuersa d'ihquierda conseguí un acuerdo»). Hasta una expresidenta de la Comunidad de Madrid llegó a cometer la torpeza cateta de mofarse de su *seseo* («lo que di*s*e, lo que di*s*e…, nadie sabe lo que di*s*e ese documento»), sin reparar en que más del 90 % de los hablantes de español que viven fuera de Andalucía practica algún tipo de *seseo* (en la región andaluza, poco más de un tercio de la población Andalucía es *seseante*).

Recientemente, ya como vicepresidenta, y ministra de Hacienda, ha vuelto a ser «protagonista» en los medios, al calificar –reiteradamente, con voz alta y gesticulación desbordante– de «vergüenza» la sentencia del TSJC en que se absuelve del delito de agresión sexual al jugador de fútbol D. Alves, que previamente había sido condenado. Los jueces, según ella, han puesto «la presunsión d'inosensia por delante del tehtimonio de lah muhere». La reacción contra tales declaraciones ha sido unánime. Pero ¿por qué en esta ocasión sin la menor alusión a su dicción? Muy sencillo. Tildar de «vergonsosa» una decisión judicial sobre, nada menos, la presunción de inocencia es una metedura de pata de tal calibre (de «barbaridad» ha sido calificada por bastantes tertulianos) que conviene que el receptor no se distraiga con tres «zetas» realizadas como «eses» y que la burla por tal razón no reste fuerza a lo dicho por M.ª J. Montero. Por cierto, he escuchado atentamente su intervención posterior en el Congreso, pidiendo «disculpas» (con lo que nada arregló, pues hay ocasiones en que rectificar no revela sabiduría), y no se percibe con claridad que pronuncie siempre «inosensia». Los oyentes están habituados a filtrar «acústicamente» lo que les llega, por lo que ni el *seseo* ni unas -*s* finales que no suenan (o no como tales) les desvían de aquello por lo que la vicepresidenta ha provocado idéntica reacción

en los «de Valladolid», que pronuncian todas sus {s} y {z} bien diferencia-
das, y en Andalucía, donde un periodista la «acusa» de «haber visto de-
masiados vídeos de Chiquito de la Calzada».

Todo esto invita a reflexionar sobre las manifestaciones del lenguaje
oral (desde la conversación familiar al de los medios de comunicación audiovisuales) y su evaluación. Ya no cabe decir que «lo escrito permanece»,
mientras lo hablado «vuela». Ninguna duda hay de que fueron muchos, la
mayoría, los que, gracias a la machacona reproducción por la radio y, sobre
todo, la televisión, «registraron» lo que dijo la vicepresidenta, y muy pocos
los que se «enteraron» a través de la prensa escrita. Y de la extraordinaria
complejidad del proceso articulación-recepción da idea, por ejemplo, el que
entre las cuestiones que se van a debatir en la *International Conference on
Phonetic Variation*, que dentro de poco se celebra en Granada, se incluyen
–además de la frecuente asimetría entre «producción» y «percepción» de
la cadena fónica– la variación histórica, dialectal y social, las relaciones con
la psicolingüística, el aprendizaje de lenguas distintas de la materna y, sobre
todo, el papel decisivo de la prosodia.

No deja de sorprender la «evaluación» que se hace de un «acento»
andaluz tan difuso. En el último número de la revista *Archiletras*, casi todos
los colaboradores que participan en la sección «El *ceceo* sale del armario»
creen que el *ceceo* es un hábito articulatorio que «está perdiendo, por fin,
el estigma, y va camino del reconocimiento», pero en los dos mapas ilustrativos (1950 y 2024) es patente que la zona *ceceante* se ha reducido a una
cuarta parte en 75 años. Más asombra que por tal rasgo, de escaso prestigio
y en regresión, se decanten algunos de los (pocos) empeñados en «dignificar» el andaluz mediante una escritura «propia»: «zaca la ropa ar zó pa
que ze zeque». Transcrita así, la frase de la que hemos partido únicamente
se vería afectada en la primera sibilante de la voz «prezunción», pero ello
«choca» al lector (si alguno hubiere) más que cualquier otra «modificación» ortográfica.

Quienes se emperran, no en «transcribir», sino en «escribir» los rasgos de pronunciación «andaluces» no solo traicionan la variada realidad
hablada de Andalucía, sino que –de prosperar su iniciativa, lo que no va a
ocurrir– harían saltar por los aires caprichosamente el privilegio de disponer de un sistema gráfico que comparten los centenares de millones de hispanohablantes y cuantos leen y escriben en nuestra lengua, una de las pocas

de cultura del mundo (más del 97 % de las aproximadamente 6000 habladas en el mundo ni siquiera cuentan con escritura), al tiempo que volverían a llevar a la población al retroceso y la marginación que representaría el nuevo analfabetismo. ¡Con lo que costó superar el escalofriante porcentaje de los que en la región andaluza, hasta hace no tantas décadas, no sabían leer ni escribir!

2025 [*Archiletras*, n.º 27]
A vueltas con el ceceo

Mientras una lengua no cese de hablarse, no dejará de cambiar, y los hábitos articulatorios de alterarse, aunque las modificaciones, en general, tardan mucho tiempo –a menudo, siglos– en difundirse y asentarse, si ello ocurre. No cabe, por tanto, hacer profecías sobre su evolución.

Ejemplo paradigmático de tal dinamismo y ebullición es la progresiva y dispar simplificación reductora que, desde el siglo XV, ha afectado a las sibilantes en español: distinciones como las que hay entre *plaça* [ts] y *decir* [ds] o entre *passar* [como la *s* del actual *pasar*] y *rosa* [similar a la sonora del italiano] pasan a ser los dos sonidos hoy gráficamente representados por {z}, {c} (*caza, lucir*) y {s} (*casa, paso*), que en las tierras meridionales de la Península acabaron confluyendo en uno solo, de manera que *sucio* suena *susio* en boca de los *seseantes* y *zucio* en la de los *ceceantes*. Y en la de los *heheantes* (o *jejeantes*) la [caha] puede designar *casa, caza* o *caja*.

La expansión y la consideración social de cada uno de los resultados son muy diferentes. Frente a la generalización y normalización del *seseo* en hablantes de ciertas zonas andaluzas, Canarias e Hispanoamérica, el *ceceo*, que se da en Andalucía, y –con alguna variante parecida– en puntos de Venezuela, Colombia, América Central..., no goza de prestigio.

Es imposible resumir en unas líneas los detalles y razones de un proceso histórico tan complejo que ni siquiera todos los alumnos que acaban la carrera universitaria de Filología Hispánica comprenden bien. Y no hace falta poner mucha atención para percatarse de que la pronunciación de la «zeta» (también la de la «ese») dista mucho de ser homogénea, y de que casi ninguna de las realizaciones «andaluzas» coincide con la interdental del centro y norte de la Península. Me limitaré a recordar que no se trata, ni mucho menos, de que los *ceceantes* «dejen de» pronunciar una de las dos consonantes que en la escritura se representan como *coser* y *cocer* o *sesión* y *cesión*, ni que las igualen o «(con)fundan» al decir siempre [coce(r)] y [ceción], sino de que, al haber aprendido a hablar en una determinada zona y un entorno concreto, han adquirido tal hábito articulatorio, que, por supuesto, si se dan ciertas circunstancias –en las que tampoco me es posible entrar–, pueden modificar. Mi caso particular puede servir de ejemplo. Viví mi infancia en el pequeño pueblo sevillano de Martín de la Jara, donde se calificaba de *zozo* al que no tenía gracia; pasé a decir *seresa* cuando mis padres se trasladaron a Estepa (en la misma provincia); y –sin salir de Andalucía, pero rodeado de más compañeros escolares del norte peninsular que andaluces– terminé distinguiendo *casa* y *caza* o *censor* y *sensor*. Por supuesto, dejé de decir [zarza] o [sarsa] para referirme a las *salsas*. En todo caso, son más los andaluces que no igualan *loh poso* y *loh pozo* que los que en ambos casos dicen [loh poso] o [loh pozo].

Para tomar conciencia de la escasa estimación del *ceceo* no hacen falta sondeos. Visité hace poco el pequeño –pero interesante– Museo Arqueológico de Espera (Cádiz). La encargada de explicar lo más destacable se despidió con «eh lo último que voy a decí, para que no ze canzéi». No me pasó inadvertida la sonris(it)a que su (suave) *ceceo* y, quizás, la discordancia de *ze canzéi* provocaron en algunos miembros del grupo, a los que de buena gana hubiera preguntado (no me atreví) si habrían reaccionado de igual modo en el caso de oír *desí* y *oh canséi* (o *se canse[n]*). En otra ocasión, acompañé a unos amigos (casi todos cordobeses) a la monumental Villa Ducal de Osuna (Sevilla). El guía (no había cumplido los treinta), antes de iniciar sus explicaciones, dado que hacía frío, nos dijo amablemente: «ponerze aquí ar zolecito». Eso sí, se apresuró a disculparse por su *ceceo*, que, sin embargo, calificó de «riqueza del andalú».

Ignoro en cuál(es) de las tres (o cuatro, si se cuenta con el *heheo*) pautas fonéticas andaluzas estarían «pensando» los casi dos tercios de encuestados que en el último sondeo del Centro de Estudios Andaluces no dudaron al manifestar que se «indignaban» cada vez que el acento andaluz es objeto de crítica. Posiblemente en ninguna. Pero es casi seguro que no en el *seseo*, precisamente la no específica ni peculiarmente «andaluza», pues *seseantes* son más del 90 % de los hispanohablantes, mientras que más de dos tercios de andaluces no *sesean*. ¿En el *ceceo*? El hecho de que no pocos andaluces se mofen de los que lo practican tiene que ver más con la singularidad social y competencia idiomática que con la cantidad de sus practicantes. Si no, resultan difícil explicar casos como los que, a título de ejemplos ilustrativos, se señalan a continuación.

En un programa televisivo sobre los estereotipos regionales (los catalanes son tacaños; los andaluces, vagos; los madrileños, chulos; etc.), en el que no tardaron en salir a relucir los «acentos», un miembro de la RAE soltó que «no pondría a un *ceceante* como locutor de un telediario». Pese a haber usado el potencial distanciador «pondría», sus palabras desencadenaron la ira de muchos y sirvieron para acuñar contundentes titulares de prensa, el más «suave» de los cuales fue «Menosprecio de un académico hacia el acento andaluz». Y la máxima representante de *Adelante Andalucía* en el Parlamento andaluz fue «colgando» en las redes sociales mensajes como «lo que yo no pondría es a un supremacista en la Academia», «¿os imagináis que yo dijera que no pondría a un negro −no lo ha dicho, pero lo piensa− a presentar un telediario?», etc. Pues el académico tenía toda la razón. Ya en 1972, en su trabajo «A vueltas con el *seseo* y el *ceceo*», M. Alvar, padre de la dialectología andaluza, escribió que «está claro el prestigio social del *seseo* −y no sólo porque sea normal en las clases instruidas o en Sevilla capital−, frente al *ceceo*, que va quedando relegado a los estratos bajos de la población». Pasado medio siglo, y por mucho que la Andalucía actual esté a años luz de la marcadamente rural y con un alto índice de analfabetismo de mediados del siglo pasado, época en que se recogieron los materiales para elaborar la obra titánica del *Atlas lingüístico y etnográfico de Andalucía* (*ALEA*), no hay que ser dialectólogo para comprobar que la aceptación social del *ceceo* continúa siendo inferior a la del *seseo* o la distinción, de que el número de *ceceantes* no aumenta, más bien retrocede, y de que, en efecto, pueden contarse con los dedos de una mano los locutores profesionales de radio y televisión (incluidos los de la RTVA) que *cecean*.

El segundo es igualmente revelador, pero, al ser todavía más desconcertante, apenas merece algún comentario. Los promotores de la propuesta (en realidad son varias) para «ehcribí n'andalú» no dudan en optar por la solución *ceceante*, pese a ser la menos «representativa» del habla andaluza. Es verdad que no siempre es (son) acatada(s) del todo. Fue «noticia» aireada por los medios de comunicación el que precisamente la candidatura de la agrupación que acabo de mencionar en la localidad sevillana de Dos Hermanas decidiera en las últimas elecciones municipales aplicar un sorprendente «trâccrîtôh» automático del Êttandâ Pal Andalûh (EPA) a su programa (¡40 páginas!), que no se limita, por ejemplo, a eliminar la *v* y colocar a voleo acentos circunflejos («^») sobre buena parte de las vocales, sino que rescata la *ç*, signo que sirvió −como se ha dicho− para el sonido castellano similar al del italiano *pizza*, pero que ya no se usa en la ortografía de nuestra lengua para representar cualquier sibilante. De manera que en manos del lector (si es que hubo alguno) quedó el descifrado de, por ejemplo, el apartado 2: «ÇERBIÇIÔ PÚBLICÔ [plural] Y REMUNIÇIPALIÇAÇIÓN». Sorprendente modo de *revolver* (que no *resolver*) tanto las realizaciones varias de los que no diferencian entre *sesión* y *cesión* (porque *seseen* o *receen*) como las de aquellos (más numerosos que los de cualquiera de los dos grupos anteriores) que −de una u otra forma− no igualan en la pronunciación *censor* y *sensor*.

Sobre el *seseo-ceceo* se han escrito miles de páginas, y falta aún mucho por aclarar. Nada justifica el menosprecio (o desprecio) de un rasgo de pronunciación, pues ninguno es *mejor* ni *peor* que otro, lo usen muchos o pocos. Pero tampoco debe ser objeto de campañas como «CECEA CON ORGULLO, saca tu lengua». ¿Cómo casar ese sentimiento de «orgullo» por *cecear* con la «valoración» que de tal hábito articulatorio se hace en la propia región andaluza? ¿Por qué se lía «la de San Quintín» por el *ceceo* a través de tuits que, para no echar más leña al fuego, no voy a calificar de «incendiarios»? Nadie debería llevarse las manos a la cabeza porque algunos digamos lo que cualquiera puede constatar, a menos que se tape los oídos… y los ojos.

2025

A la busca y captura de una «gramática» del andaluz

Algunos de los que se han erigido en apasionados defensores y exaltadores del *andaluz* se han lanzado a la búsqueda de fenómenos «gramaticales» específicos, para mostrar que las diferencias que lo «distancian» del *castellano* no son solo de pronunciación. Pero, como no les «conviene» aducir los recurrentemente mencionados (*¿uhtede también se vai a í o se quedái?* / *¿cuántos habemos hoy en clase?* / *si yo fu[er]á [e]htao ayí, no fu[er]á pasao eso/...*), por no ser «propios» de Andalucía, no emplearse más que por una parte de los hablantes de algunas zonas y/o no gozar de prestigio dentro de la región misma, se hacen con una potente lupa imaginaria para descubrir otros. Gorka Reondo Lanzâ [*sic*], que lleva años empeñado en «dignificar» el andaluz mediante propuestas varias de una «escritura» en andaluz, dice haber encontrado (en la publicación figura el año 2004, pero en nota aclara que en 2018 aún seguía «en fase de corrección») singulares «datos» de la expresión de la «negación», con lo que dice probar que la frase con que se abre el último capítulo de *El español hablado en Andalucía*, libro que escribí en colaboración con R. Cano y R. Morillo, es un desatino. Voy a reproducirla, para que el lector juzgue por su cuenta: «No parece –decíamos– que las peculiaridades morfológicas y sintácticas del andaluz sean muchas ni particularmente relevantes. Si decimos *parece* es porque falta mucho por hacer en el estudio riguroso y sistemático del español conversacional, por lo que no es posible señalar con seguridad las coincidencias y divergencias entre unas y otras variedades del mismo idioma».

Para cargarse de «razón», empieza por situarse en uno de los últimos «modelos» de la lingüística, solo que decide hacerlo «por libre», sin que pueda saberse cómo le sirve de apoyo a unas ideas que, al final, él mismo califica de «especulaciones arriesgadas». Como no le interesa insistir en los casos ya muy manoseados (por ejemplo, la triple negación *¡no ni ná!*, con la que se afirma), proporciona una ristra de ejemplos, oídos –dice– bastantes de ellos en Arbuniel, localidad pedánea de medio millar de habitantes del municipio de Cambil, en la comarca de Sierra Mágina (Jaén). He aquí unas cuantas muestras (omito, por no interesar al lector, su distribución según criterios muy dispares y sin fundamento): *a la niña, hay qe NO dejà-la hacer esâ cosâ / tenían qe no aber jugao* [lô furbolihtâ no comunitáriô] / *nusotrô ehtamô mà bien aquí qe NO en er pueblo nuehtrô / ¡qé borraxera NO tendría q'entró y no me conoció! / vamô 'htao sinquietô ahta qe NO yamó la sobrina / l'ha sarvao de NO bajar a segunda / dejó una fruta ayí, ar sol, qe a lô dô diâ NO se la puede comer naide / ¡¿pue NO va er tio y me pide er carné?! / ¡ni er perehí NO se ve en er gisao! Ya no me guhta viví NA má q'en Triana...*

Aclara, menos mal, que algunos de sus comentarios no pasan de ser meras «conjeturas», a la espera de encontrar «más datos del habla viva andaluza». Pues va a tener que darse prisa, ya que, por más que «rebusque» en otros recónditos rincones de la geografía andaluza, cada vez le va a resultar más difícil hallarlos, porque no van quedando muchos andaluces de cuya boca salgan unas «negaciones» como las por él recogidas, y de las que, al parecer, se jacta y hasta se envanece.

No, por ese camino no van a aflorar formas y construcciones que atestigüen la existencia de una «gramática» del andaluz. Algo que, por lo demás, trae sin cuidado a unos hablantes que, en cuanto toman conciencia de la escasa aceptación social de ciertas supuestas «peculiaridades», se apresuran a despojarse de ellas, y «se pasan» a los moldes comunes y compartidos, que solo ventajas les reportan.

Cuesta entender el afán por «rescatar» usos de los que sus mismos practicantes (cada vez menos, insisto) tratan de desanclarse y liberarse. Pretender convertirlos en estandarte distintivo y diferenciador, en contra de los que no muestran deseo alguno de ser abanderados, es un absurdo esfuerzo agotador que nadie está dispuesto a hacer. ¿Por qué va a ser preferible decir «hay que no dejarla hacer esas cosas», en lugar de «no hay que dejarla...»? ¿Tiene alguna desventaja prescindir del «no» y limitarse a decir «hemos estado intranquilos hasta que llamó la sobrina» y «lo ha salvado de bajar a segunda», optar por otro orden en «¡En este guiso no se ve ni el perejil!», etc.? Claro que falta mucho –casi todo– por saber de la técnica constructiva del discurso conversacional del español, de la que los gramáticos apenas se han ocupado, por lo que no resulta fácil señalar qué caracteriza en particular a la sintaxis del andaluz. Pero no se sale de la ignorancia iniciando la casa por el tejado.

2025
Eran pocos...

Un colega de la Universidad de Valencia me envía una grabación audiovisual en la que un cantante aragonés (no tiene mala voz) se queja de que llamen a sus paisanos cabezones, tozudos, mastuerzos, y cosas peores, pero, sobre todo, de que se diga que «hablan fatal». Ante oyentes (alguno con boina) que –con complicidad y satisfacción– ríen sin parar, va desgranando expresiones «propias» (*boira* 'niebla', *amabol* 'amapola', *escobar* 'barrer', *laminero* 'goloso', *panizo* 'maíz'...), y, tras cada una de ellas, el mismo estribillo pegadizo: «¡Qué le voy a hacer! No he tenido la culpa / y sí mucha suerte / de nacer aragonés!».

Casi al mismo tiempo, otro compañero de la Universidad de Almería me manda el enlace para acceder al diario digital *Notiçia d'Armeria, er periódico dihitâh mâh leio d'Armeria*, dirigido por Rafaêh M. Martô [*sic*], quien se presenta como autor de publicaciones varias, incluida la «nobela» *Tó por la patria*. He aquí uno de los titulares (tomado al azar) del número que tengo delante: «Hônnâh çobre el Ôççerbatorio de Calâh Arto». Por si hay algún lector «despistado», se trata de las «Jornadas» (por cierto, ¿cómo escribirán *jornal*?) conmemorativas del medio siglo de Calar Alto (Almería), el observatorio astronómico más grande de Europa.

Mientras en la letra entonada por el «baturro» –«a mucha honra», dice– la arrogancia se hace descansar en cierto léxico «singular», en *er periódico dihitâh mâh leio d'Armeria* un sentimiento similar deriva de ciertos hábitos articulatorios, tenidos por «específicos», que merecen ser gráficamente representados. No sé cómo reaccionarán los lectores (si los hay) al toparse con titulares como «El Armería çe la huega en Hetafe»; «Caçol-la: Con un çolo conçehâh pueo cêh arcarde»; «Er terçêh carrîh de la A-7 ba pa largo»... Supongo que con una sonrisa entre torcida y burlona o burlesca, pero, desde luego, no creo que presuman de la ocurrencia.

Porque lo de menos es que se elimine la {v} y se escriba «ba», se acorte «para» en «pa» o se convierta «Cazorla» en «Caçol-la». Y aunque las preguntas se amontonan, haré solo una: ¿qué pronunciación se intenta reflejar con «çêh» ('ser'), si, como se habrá advertido, al mismo signo {ç} se recurre para representar sonidos varios, de igual modo que la {h} figura tanto en «Rafaêh» como en «Ehío» [Ejido], «terçêh», «carrîh»...? Y los acentos circunflejos (^) se multiplican como los hongos.

Pero lo que de verdad resulta intrigante son los motivos que llevan a realizar un esfuerzo que es tan ímprobo como estéril y que de ningún modo se verá «compensado». Porque ¿qué ventaja tendría quien se atreviera a hincar el diente a ese endemoniado galimatías con que se quiere reflejar una (¿cuál?) variedad fonética andaluza? ¿Alguien va a querer poner en práctica un «experimento» gráfico que terminaría aislándolo, no solo de los centenares de millones de hispanohablantes que –tras muchos tanteos a lo largo de siglos– disponemos de una ortografía única común (que cuesta aprender, sí, pero que «envidian» los de otras lenguas «de cultura»), sino también de los (muchos más) que, sin tener nuestro idioma como materno, leen y escriben en español?

Piensan los responsables de tan llamativa iniciativa que así liberan al andaluz (insisto ¿cuál?) de un imaginario agravio, y contribuyen a su «dignificación». Pero la maniobra de transformar una supuesta «ofensa» en motivo de orgullo no suele tener efecto alguno en el ámbito de los usos idiomáticos, y está totalmente condenada al fracaso estrepitoso cuando de la escritura se trata. No, no creo que nadie llegue al convencimiento de que merece la pena someterse a tan inútil y desquiciante tortura.

Como, en realidad, a sus promotores no les preocupa «ganar» lectores (por mucho que se autocalifique de periódico *mâh leío*, cuesta creer que tenga lectores), nos hallamos ante un misterio o enigma, que, por supuesto, nadie va a tomarse la molestia de intentar desvelar o adivinar. Los almerienses van a seguir desentendiéndose de algo a lo que no merece la pena prestar atención. Para enterarse de lo que ocurre a su alrededor (y en el mundo), ya cuentan con medios informativos que no requieren tanto trabajo.

Entonces, ¿qué se persigue con tan epatante propuesta, que viene a sumarse a otras anteriores, a las que me he referido en más de una ocasión? No queda más que el ámbito sentimental simbólico e identitario. Lo que pasa es que reducir el medio de expresión, comunicación y cohesión social –gracias al cual somos una especie única no equiparable a ninguna otra– a bandera emblemática, además de remar contra corriente, acabaría por conducir a los seguidores (si los hubiera) a un arrinconamiento suicida.

Menos mal que no hay peligro de que eso ocurra. Cuantos forman la gran comunidad idiomática hispanohablante, con hábitos articulatorios diversos, aprenden sin cuestionarla la misma escritura. Por la cuenta que les trae, porque ¿quién va a querer autoexcluirse, simplemente para «recuperar» un supuesto orgullo, con «experimentos» que los dejarían aislados e incomunicados?

2025
Sin tener que imaginar

En su hermosa loa de los libros y de la lectura que sirvió de pregón inaugural de la XVI Feria del Libro de Tomares (Sevilla), Paloma Sánchez-Garnica, premio Planeta 2024, invitó a los asistentes a «imaginar» sus vidas si no supieran leer. No teníamos que hacerlo bastantes de los que estábamos atentos a sus palabras, ya que, por edad, habíamos conocido una Andalucía en la que mucho más de la mitad de la población era analfabeta. Es posible que a algunos de los presentes sí les costara recuperar la conciencia de lo que ha «supuesto» el largo y complejo proceso que ha conducido a la superación de la imposibilidad de acceder a la escritura e incorporarse al disfrute de los centenares de millones de hispanohablantes y de los muchos más que leen (y escriben) en español. El carácter privilegiado de lo que nos parece «normal» se evidencia con solo recordar que únicamente un centenar de las más de 6000 lenguas del mundo dispone de escritura, y son muchos los millones de hablantes de las que sí la tienen, pero carecen de acceso a ella.

Lo realmente extraño –pensé– es que unos cuantos andaluces se emperren en propagar una caprichosa y heterogénea «transcripción» de los variados hábitos articulatorios observables en Andalucía. ¿De cuántas maneras habría de ser representada gráficamente una secuencia como /ayé arrecío y hoy zobra tó/ («ayer [estábamos] arrecidos, y hoy [nos] sobra to[da lá ropa]»), que acabo de oír a alguien que hablaba del brusco cambio de temperatura? Menos mal que nadie les va a hacer el menor caso, y que los usuarios están y van a seguir estando ajenos a tales iniciativas.

No sé si el lenguaje hablado, que nos define como especie única, surgiría hace unos 300 000 años, como sostienen algunos paleontólogos, o unos 135 000, según recientes investigaciones que han identificado cambios genéticos decisivos en la evolución de nuestra especie. En todo caso, muchísimo antes de la fecha en que las hipótesis más «optimistas» sitúan una inicial «(proto)escritura» (no antes de unos 30 000 / 50 000) o la escritura «propiamente dicha» (en tierras egipcias y mesopotámicas, en torno al cuarto milenio antes de Cristo). Y lo cierto es, como he dicho, que aún hoy a muchos millones de personas en el mundo no pueden leer ni escribir en el idioma que hablan.

Así que solo la obnubilación o ceguera mental puede llevar a renunciar a (o prescindir de) una conquista que ha aportado tantas ventajas y de valor incalculable, que con ella se llega a identificar la «cultura». La intención de contribuir a «dignificar» una(s) variedad(es) idiomática(s)s mediante la «transcripción» de sus diversos modos de pronunciar acabaría convirtiéndose en un camuflaje que favorecería lo contrario, ya que, de prosperar (por suerte, algo imposible, casi «inimaginable») conduciría a un nuevo analfabetismo mutilador irreparable. Las posibilidades de intercomunicación por escrito quedarían drásticamente cercenadas con tal «experimento», ya que se limitarían al círculo reducido de unos cuantos dispuestos a «sacrificarse» sin recompensa alguna.

En el diálogo que siguió a la exposición de la «pregonera» de la Feria del Libro de Tomares, surgieron algunos asuntos de interés, como el que haya más «lectoras» que «lectores», pero nadie reparó en que el porcentaje de andaluzas analfabetas era hasta no hace tanto tiempo claramente superior al de analfabetos.

No salió a relucir, en cambio, una cuestión en la que toda «imaginación» es poca: la necesidad de impulsar y fomentar la lectura especialmente en aquellos que, por su edad, tienen abiertas todas sus potenciales capacidades de desarrollo. Porque la verdad engañosa de que «a hablar se aprende hablando» no se puede proyectar al leer y escribir, que requieren un arduo ejercicio de aprendizaje no «natural» que jamás puede darse por acabado. Y llegar a desentrañar cabalmente ciertos tipos de textos, literarios o no, es algo no al alcance, ni mucho menos, de todos los «alfabetizados».

Y tampoco afloró un asunto inquietante de hondo calado. Cuando ya se había incorporado una parte significativa de la población a la verdadera lectura, en que se avanza secuencial y progresivamente, un nuevo riesgo acecha: parece ir imponiéndose una manera de «mirar» globalmente los escritos, de no pasar de los «titulares» o extractos que, muchas veces, ni siquiera han elaborado los autores del texto en cuestión, por lo que el «lector» se queda con unos contenidos parciales, no siempre relevantes, muchos de ellos tergiversados e incluso falseados. Pero esto será (lo está siendo ya) «otra» historia, de la que habrá que ocuparse.

De lo que no hay duda es de que, gracias a que hemos sido capaces de hacernos con un medio de reflejar y transmitir a los demás, no lo que «hablamos» (la escritura no surge para poner por escrito el habla, ni es ese su papel), ni siquiera únicamente lo observable, sino la infinitud que podamos «imaginar», carece de sentido jugar –sin que se sepa por y para qué– a tirarlo por la borda con estériles intentos de reproducir hábitos de pronunciación, que, además de ser variados y heterogéneos, no cesan de variar.

2025
Observar lo que se oye

A finales de 2023 se anunció la puesta en marcha en la Universidad de Cádiz de un *Observatorio de las hablas andaluzas* (*OHA*), con el fin de «materializar el respeto» al andaluz [para muchos, primera seña de identidad de la región, la segunda, para quienes anteponen el flamenco y la copla], mediante su «puesta en valor», lo que implica reconocer que no se le tiene (¿quiénes?) miramiento alguno. Se plantea, una vez más (¿y van?), la necesidad de –en palabras de un conocido profesor y escritor sevillano– «diseñar una verdadera política lingüística tendente a la dignificación del habla andaluza en todas las plataformas públicas, según todos los registros de modalidades cultas».

No voy a entrar en lo que cada uno entiende por (*re*)*dignificar*, ni en cómo se podría elaborar una «política lingüística» que consiga que ello afecte por igual a «todos los registros de modalidades cultas». Porque, si no se aducen hechos y fenómenos concretos, resulta imposible saber cuáles y por qué se consideran «cultos» y qué otros no lo son.

En la presentación formal del OHA se anunció que ya tenía programadas actividades «valorativas» para dos años, entre ellas, la lucha en los centros educativos contra esos tópicos chistes archiconocidos se encargan de difundir y potenciar. Ni siquiera se descartó enseñar a «escribí n'andalûh», si bien no se les oculta que, dada la gran diversidad de las hablas andaluzas, es un «tema comprometido y complicado», un verdadero «desafío».

Pasado más de año y medio, ignoro los resultados alcanzados, por lo que no me es posible opinar acerca del grado de cumplimiento de su objetivo principal: «servir de catalizador o filtro [*sic*] para poder transmitir a la sociedad un *verdadero conocimiento* de nuestra variedad del español».

Pero sí cabe decir que no se trata, ni mucho menos, de una iniciativa pionera. «Observaciones» sobre el *andaluz* se han hecho desde que hubo conciencia de las innovaciones y, sobre todo, de la aceleración en las tierras meridionales de procesos de modificación de ciertos rasgos –básicamente fonéticos–, ya en marcha cuando fueron reconquistadas y repobladas por gente del norte y centro de la Península (no solo castellanos). Y en cuanto al análisis «científico» de las hablas andaluzas, aparte algunos precedentes (como el conocido escrito *Die Cantes Flamencos*, que H. Schuchardt publicó en 1881), desde la elaboración a mediados del siglo pasado del *Atlas lingüístico y etnográfico de Andalucía* (*ALEA*), y su publicación entre 1961 y 1973, son miles los trabajos –es verdad que de calidad desigual, por lo que resulta necesario y urgente su filtro y criba– que se han ocupado del andaluz, hasta el punto de que quizás solo el español hablado en México (país, no región, con casi la cuarta parte de la totalidad de los hispanohablantes) ha recibido una mayor atención.

Al no ser posible, ni procedente, hacer un mínimo balance de tan inmensa labor, y de la inabarcable bibliografía que ha generado, me limitaré a mencionar unos cuantos botones de muestra que, por serme cercanos, bien conozco, todos (muy) anteriores al *Observatorio* gaditano, una denominación, por cierto, no atinada, ya que solo la acepción 'examinar atentamente' del verbo *observar* encajaría con el objetivo que se pretende conseguir. Porque no creo que esté subyacente el significado del derivado *observancia* que alude al cumplimiento estricto de reglas, leyes y mandamientos, pues la «imposición» no tiene cabida en el ámbito de los usos idiomáticos, especialmente en el caso de las hablas andaluzas, caracterizadas por su gran heterogeneidad.

Empezaré por recordar el *Congreso del Habla Andaluza* que se celebró en Sevilla (marzo de 1997), primera actividad del *Seminario Permanente del Habla Andaluza*, fruto de un acuerdo entre la Universidad Hispalense y el Ayuntamiento de Sevilla. Además de ser la última ocasión en que coincidieron los cuatro responsables del *ALEA* (M. Alvar, A. Llorente, G. Salvador y J. Mondéjar), participaron con ponencias y comunicaciones más de 40 prestigiosos especialistas y asistieron dos centenares de profesores, estudiantes e interesados de España y de países europeos y americanos. Las *Actas* se publicaron antes de acabar 1997.

Años después, la Real Academia Sevillana de Buenas Letras acogió un *Foro del Habla Andaluza*, con sección propia en su *Boletín* (*BRASBL*), si bien la falta de apoyo y otras dificultades han frenado su desarrollo y que se alcancen los fines inicialmente propuestos.

Pero quienes más han aportado en las últimas décadas al «verdadero conocimiento» del andaluz han sido, sin duda, los miembros del grupo de investigación de la Universidad de Sevilla *El español hablado en Andalucía* (*EEHA*), que no han cesado de organizar reuniones, cursos y jornadas, de publicar libros (del de igual título, de A. Narbona, R. Cano y R. Morillo, han aparecido ya tres ediciones, y es de acceso libre en la Editorial Universidad de Sevilla), obras colectivas, monografías, artículos, colaboraciones en prensa...

Si el mejor modo de «poner en valor» las variedades del español hablado en Andalucía es conocerlas y darlas a conocer, queda mucho por hacer, pero habría que empezar por no seguir *ignorando* (en las dos acepciones del término) lo que ya sí se sabe. Y, sobre todo, por denunciar todo aquello que, lejos de favorecer su descripción objetiva y evaluación, entorpece lo uno y lo otro.

Mientras sigan haciéndose oír los que, sin haberse internado por los caminos que ya otros han explorado, creen estar «abriendo» unos nuevos a partir de cero, habrá que continuar lamentando la inutilidad del esfuerzo y el tiempo perdidos.

2025
De la teoría a la realidad

A finales de mayo se presentó el número 528 de la *Revista de Occidente* (fundada por J. Ortega y Gasset en 1923) en Sevilla, al estar dedicado a una «Nueva teoría de Andalucía». Se abre, cómo no, con una clarificadora y argumentada crítica («elogio y refutación») del coordinador, Carlos Mármol, de la que hace un siglo expuso el gran filósofo español. Los demás colaboradores se aproximan, desde distintos ángulos (sociedad agraria, política, historia, arte, cante y baile...), a una región cuya identidad y cuya cultura (nociones ambas «indefinibles») se ven siempre cruzadas por paradojas e hibridismos. Participo con unas reflexiones sobre «El español que se habla en Andalucía», un ámbito en el que cualquier pretensión de elaborar una imagen o representación global de «lo andaluz» se encuentra empañada por no pocos tópicos y estereotipos. Aunque el texto íntegro de mi colaboración puede leerse aquí mismo, voy a tratar de hacer ver por qué, pese a ser compartida por muchos la creencia de que (algunos de) los usos idiomáticos (tenidos por) peculiares constituyen la primera (o una de las primeras) seña de identidad de los andaluces, casi ninguno de los que especulan sobre el ser de Andalucía les presta ninguna o poca atención.

Para empezar, recordaré que de la escritura nada especial hay que decir, si acaso, no perder de vista el escalofriante porcentaje de población analfabeta en Andalucía hasta no hace tantas décadas.

Y también, que difícil, muy difícil, resulta precisar qué es *Hablar (en) andaluz*, título del volumen publicado por la Editorial Universidad de Sevilla (EUS) en que se recoge una parte de mis «tribunas», que han ido apareciendo a lo largo de los últimos años en el *Abc de Sevilla*.

Muchas son las precauciones que deben adoptarse para alcanzar un cabal conocimiento de las *hablas andaluzas*. La primera, dejar de poner de relieve únicamente lo que las separa y opone a los modos de hablar de los «de Valladolid o Burgos», cuando lo verdaderamente destacable es lo que comparten con una comunidad idiomática (la verdadera «patria», suele decirse) de 600 millones de hispanohablantes de la que los andaluces forman parte, aunque constituyan poco más del 1 %.

Desde luego, no hay que quedarse en ditirámbicas o encomiásticas apreciaciones valorativas más o menos subjetivas, como las del cordobés Juan Valera o el gallego Gonzalo Torrente Ballester, para quienes en Andalucía se habla «el mejor español del mundo (si se quita la pronunciación)», o la del sevillano Manuel Machado, que no prescindía de nada, pero cuyo «mundo» no sobrepasaba los límites del Centro y Norte de la Península Ibérica.

Por supuesto, también hay que huir del derrotista parecer contrario, es decir, de los que opinan que (todos) los andaluces hablan «mú má», y de ahí su –mal llamado– «complejo de inferioridad».

Quizás ayude a superar ciertos prejuicios insistir en que, aunque –por comodidad– se siga empleando el singular («el andaluz»), las variedades andaluzas del español se caracterizan por su extraordinaria diversidad y heterogeneidad, geográfica y, sobre todo, sociocultural, a lo que hay que añadir –como ocurre en todas las demás– las divergencias emanadas de las distintas situaciones comunicativas. Porque ningún rasgo de los tenidos por «peculiares» es compartido por todos los andaluces ni exclusivo de ellos. No hace falta indagación alguna para comprobarlo, y es algo presente en la propia conciencia de los que viven en Andalucía: los de la zona occidental se (son)ríen al oír a un granadino abrir la vocales finales, los de la oriental reaccionan de igual modo cuando un sevillano o malagueño dice «¡¿uhtede qué s'habéih creío?!», los de Córdoba reconocen que no hablan como los gaditanos, en toda la región andaluza son muchos los que se mofan de los pocos (y cada vez menos) que pronuncian [jambre] (*hambre*), etc.

Con todo, lo peor –y así abro mi colaboración en el número de la *Revista de Occidente* que se acaba de presentar– es que, con la «fe del carbonero» (¡qué tendrán –o tendrían– los de tan digna profesión para que se les endilgara tan acusada credulidad!), algunos no se detienen en la ingenua actitud supremacista de «[todo] lo mío es [siempre] lo mejor», y dan un paso más, al sustituir la realidad incontestable de que en Andalucía se habla «español-andaluz» por la falsa adversativa exclusiva y excluyente de «yo no hablo español, sino andaluz». Quienes esto sostienen –y no son pocos, ni solo entre los iletrados– habrían de empezar por concretar a «qué» andaluz se refieren, y no conformarse con aducir unos cuantos rasgos de pronunciación y –no siempre se hace– ciertas expresiones que, además, no suelen considerar «andaluzas», sino de «su» pueblo o comarca. ¡Y que haya que seguir insistiendo, a estas alturas, en que «hablar» es muchísimo más, y en que no hay nadie que lo haga en español «neutro» o «estándar», sino que todos lo hacemos en alguna(s) de sus diversas variedades y modalidades!

2025

Somos así

Aunque no de forma muy destacada, los medios se han hecho eco de la concesión por el Consejo Europeo de Investigación (ERC) al psicólogo social Ángel Gómez de una beca de dos millones y medio de euros, para ampliar y profundizar sus estudios sobre la radicalización violenta, esa que, por ejemplo, lleva a miembros del llamado Estado Islámico (ISIS) a morir en el «combate». Se trata de una cantidad nada despreciable (aunque se distribuye a lo largo de cinco años), pero, si averiguar lo que lleva a un yihadista a *fundirse* con el grupo, hasta el punto de inmolarse matando (indiscriminadamente), puede salvar vidas (una sola no tiene precio), está más que justificada.

A una distancia sideral de lo anterior, me he acordado de que, sin apenas contar con ayuda externa, coordiné el volumen *Conciencia y valoración del habla andaluza* (2009) y *La identidad lingüística andaluza* (2013), más de 750 páginas en total. Porque, si no es sencillo saber por qué y cómo alguien llega a *identificarse* con un ideal (ideología o idea), con una creencia o sentimiento religioso, incluso con un club deportivo…, tampoco resulta fácil llegar a conocer por qué alguien «convierte» en bandera usos idiomáticos que considera «propios» y no lo mucho (casi todo) que comparte con quienes hablan la misma lengua.

Pese a ser indefinible el concepto de *identidad*, entre los datos del último barómetro del CENTRA (organismo dependiente de la Consejería de Presidencia de la Junta de Andalucía) destaca que casi todos los andaluces se *identifican* con su habla. Eso sí, da la impresión de que piensan más en la particular de cada uno que en la «común» de todos. Y como, según el mismo sondeo, la mayoría de ellos se sienten tan (o más) españoles como/que andaluces, no puede decirse que estemos ante un *sentimiento* (pues de eso se trata) excluyente, lo que casa mal con la configuración de todo proceso identitario, que se construye y fortalece *frente a* otros. Y el hecho de que esos «otros» no sean, en este caso, más que los peninsulares que habitan al norte de Despeñaperros (y no todos, es decir, un exiguo 5 % de los centenares de millones de hispanohablantes, permite comprender por qué es débil y difuso el grado de compromiso contraído por tantos andaluces con su comportamiento lingüístico oral. Debilidad que se acentúa al tener que agarrarse a la pronunciación (la especificidad diferenciadora del léxico y, sobre todo, de la sintaxis es muy escasa), justamente el ámbito en que la diversidad y la falta de homogeneidad interna son más marcadas y, sobre todo, donde es patente la valoración negativa de algunos fenómenos.

Quienes, pese a todo, no están dispuestos a dar su brazo a torcer, y se creen «superiores» a (todos) los demás, no tienen otro escape que camuflar los usos articulatorios d*el* andaluz bajo el amplio manto de *lo* andaluz, donde cabe casi todo.

Así somos, y así nos va. Si no podemos situarnos en cabeza, jugamos a creernos que lo estamos, sin necesidad de argumento alguno que sirva para sostener que lo *nuestro* está por encima del resto. Poco parece importar que no sea posible convencer a nadie de que algo es mejor por el simple hecho de ser (supuestamente) *nuestro*. El derecho de propiedad no ha de exhibirse nunca ante ningún juez, quizás por tratarse del único bien cuya apropiación indebida no va a tener más sanción que −si llega a descubrirse− una vaga desaprobación social. Solo pueden «presumir» de *seseantes* un tercio de andaluces; muy pocos de los *ceceantes* sacan pecho por ello, y los hay que «ocultan» o disimulan su *ceceo*; la no pronunciación (o no como tales) de las -*s* finales de sílaba o palabra se sacan a relucir según y cuando conviene; y poco más. No parece mucho bagaje para estar «orgullosos», tampoco para «acomplejarse». Simplemente, hablamos −perdón, pronunciamos− el español así, sin que sea mejor ni peor que la forma en que lo hacen los palentinos, canarios, colombianos, argentinos...

30-12-2024

¡Vaya saleazo!

La última semana de noviembre de 2024 arrancó con el «recalentamiento» de algunos casos de presunta corrupción que afectaban a miembros del PSOE, y se cerró con el Congreso Federal del Partido en Sevilla. Víctor de Aldama, al que los medios se refieren como el (presunto) intercesor/conseguidor, «nexo corruptor»... del conocido como «caso Koldo/Ábalos», se había decidido a «tirar de la manta» y airear pagos y mordidas a varios ministros, lo que acabó por salpicar al propio presidente del Gobierno. Se esperaba que este aprovecharía su anunciada comparecencia del día 25 –en que iba a informar de la sustitución de la vicepresidenta Teresa Ribera– para referirse a lo que venía acaparando la atención de todo el mundo, por lo que me planté ante el televisor, cuando ya los tertulianos llevaban un rato haciendo cábalas sobre lo que diría. Pues no, en su breve intervención, ni media palabra. Así que, antes de que los participantes en el debate televisivo dieran rienda suelta a su «decepción», se me escapó –y, pese a encontrarme solo, en voz alta– un espontáneo «¡vaya *saleazo*!».

Hacía mucho tiempo que no salía de mi boca tal expresión, oída habitualmente en mi infancia –transcurrida en el pueblo sevillano de Martín de la Jara–, casi siempre en frases exclamativas: «¡{qué, vaya, menudo...} saleazo [me he llevado]!»). No figura en los diccionarios generales, y solo la he encontrado en el pionero *Vocabulario andaluz* de A. Alcalá Venceslada (1934, y publicado por la RAE en 1951), como *zaleazo* 'caída grande' («prov. de Sevilla») y –escrita *saleazo*– en *El habla de Málaga* (1997), de A. del Pozo (única fuente aducida por el *Tesoro léxico de las hablas andaluzas*), con el significado de 'golpe, porrazo', muy alejado del que, para mí, tenía (y tiene). He pedido ayuda al académico P. Álvarez de Miranda, quien me dice haber hallado muy pocos testimonios, y que no acaba de dar con su etimología, por lo que solo cabe aventurarse acerca de la posibilidad de relacionar el «golpe» físico con el figurado («chasco»), ya que toda «frustración» algo tiene de «topetazo» o «encontronazo», sobre todo si, como suele ocurrir, sobreviene «de golpe [no precisamente 'de fortuna'] y porrazo». Más arriesgado todavía me parece establecer una conexión semántica entre un «guarrazo» (que sí está en el *Diccionario* académico), y la ingrata 'sorpresa inesperada' del «saleazo». Y casi descabelladas las elucubraciones basadas en la coincidencia del sufijo *-azo*, porque ¿qué decir de *pedazo, cochazo, lechazo, sablazo* –'el que saca dinero a otro' muy distanciado de 'golpe que se da con el sable'–, *dedazo* (recién admitido en el *Diccionario* académico), etc.?

Un sondeo de urgencia entre familiares y amigos que viven en la provincia malagueña me confirma que casi nadie usa *saleazo/zaleazo*, y parece que solo es (o ha sido) conocida en pueblos del interior.

No es excepcional que un vocablo de empleo corriente acabe con el tiempo fuera de la circulación, si bien, como tantos otros casos, no ha caído en el «olvido» total. Precisamente en Málaga, hay un «Burguer Asador» denominado *El Saleazo*, en el que, pese a publicitarse como «restaurante de comida española y americana», se sirven sobre todo «bocatas», «camperos» (el denominado *saleazo* es, cómo no, el más demandado), hamburguesas, perritos y pizzas. Pregunté a quienes lo regentan por qué habían bautizado así el establecimiento, y no supieron darme una respuesta fiable. Confieso que desconocer su origen, trayectoria y difusión, antes de caer en desuso, acentúa en quienes hemos utilizado la palabra la sensación de haber «perdido» algo de nuestra *vividura* personal.

Que nada es simple en cualquier actuación lingüística se debe, entre otras razones, a que varían notablemente las posibilidades de «elección» de los hablantes. Si me «salió» calificar de «saleazo» la ausencia de alusión por parte de P. Sánchez a una información esperada, no fue porque me sintiera desengañado o frustrado, dadas su bien conocida habilidad para desenvolverse en situaciones adversas y su pericia para envolver el sentido de las palabras. Lo que de verdad me hubiera extrañado es que el presidente «entrara al trapo» con alguna declaración, pues de inmediato se habría vuelto en su contra. No niego que me vi algo «burlado» o «chasqueado», aunque no tanto como los «profesionales» del debate televisivo, que sí saben por dónde van los tiros y están muy habituados a opinar.

En el entorno rural y «pueblerino» en que crecí se tildaba de «saleazo» todo *fiasco* o *contrariedad*, ya que ni estos vocablos ni los otros que vengo utilizando (*decepción, frustración, desengaño...*), semánticamente afines, aunque ni mucho menos sinónimos, podían hacerle competencia, ya que ninguno formaba parte del vocabulario (ni siquiera del pasivo) de los hablantes, que con *saleazo* se las arreglaban bien.

Por supuesto, no tengo la menor pretensión (sería inútil) de abogar por la «resurrección» de un vocablo olvidado que sirvió de desahogo. Y el que Pedro Sánchez saliera reelegido por más del 90 % de los votos, en un congreso federal en el que todos se esforzaron en mostrar que el partido gozaba de excelente salud y se encontraba más unido y limpio que nunca, fue la más clara prueba de que su silencio no debería haber provocado «saleazo» alguno.

20-10-2024

Compadres

Ignoro si Alfonso Sánchez y Alberto López, «Los Compadres», tienen el vínculo «familiar» que los diccionarios atribuyen al término *compadre* ('padrino de bautizo del hijo del otro'), pero, después de tantos años haciéndonos la vida un poco más amable con sus actuaciones, diálogos…, les queda muy corto su uso (coloquial) como simple «amigo o conocido». Desde luego, lo que no les cuadra nada es el («despectivo» o «peyorativo») que suele vincularse al «compadreo».

Llevan unos meses con una nueva «aventura» en el *Abc de Sevilla*, su periódica «viñeta audiovisual» (también la califican de «virtual») que han titulado «ESTO ES ASÍN». Según sus propias palabras, «se disponen a dar caña a todas las Sevillas en un lenguaje más de ahora, el que se está *creando*», insertándose así («asín») en una tradición humorística que arranca de Mingote y *La Codorniz*.

Sus críticas, ingeniosas y originales, nos están haciendo disfrutar, desde la primera entrega, en que arremetieron contra aquellos que están «perdiendo la olla» con sus perros, a «loh qu'ehtán vorviendo vehetariano», los bautizan con nombres «bíblicos» –como *Abraham*–, y no sería extraño que terminaran vistiéndolos de «nasareno». Una «pasión» que está acabando con comercios tradicionales, cuyos dueños convierten en «tiendah de shushería pa perro», que dejan más dinero.

Pero ¿hasta qué punto son también –o además– «creadores» de usos idiomáticos? En principio, la clave de su éxito tiene que ver con algo que por estas tierras meridionales se cultiva de manera acentuada, el hallazgo de asociaciones léxicas no (del todo) previsibles ni esperables. Recuerdo una que me «impactó» hace muchos años y no he olvidado: un operario, que arreglaba una avería en el subsuelo, al salir a la superficie para recoger una herramienta se topó con una chica especialmente agraciada, y gritó a su compañero que permanecía abajo: «oye, Pepe, ¿pero la Macarena no sale en Semana Santa?». Algo así(n) hacen estos «compadres», al atribuir a animales el vegetarianismo y caprichos reservados a los niños.

Porque, si nos fijamos en otros rasgos, es más difícil comprobar la inventiva. Por ejemplo, pronunciar [gargo] (*galgo*) o [vorviendo] (*volviendo*) o «aspirar» o dejar de realizar las -*s* («ehto é» [asín]) es algo que hace una buena parte de los andaluces, y de otros que no lo son. Y con /mi-arma/, por /mi alma/, no ganan en prestigio ni estimación.

Y, por lo que concierne a la construcción discursiva, cabe destacar la atinada captación por «Los Compadres» de la peculiar sintaxis del coloquio conversacional cotidiano, a notable distancia del registro formal estándar, que, por supuesto, ellos también dominan, como se revela en la entrevista que les hizo J. Álvarez, donde dicen cosas como la siguiente: «nuestras viñetas se sitúan entre una tradición que quiere permanecer indeleble [*sic*] y la fuerza de una evolución que afecta a todo el universo».

Como ya el propio director del *Abc de Sevilla*, A. García Reyes, se encargó, al darles la bienvenida (21/9/2024), de recordarnos a todos que «la manera más profunda y seria de hacer crítica es utilizar la ironía», me limito a hacer un comentario del arcaísmo *asín*, rescatado para el título de la colaboración semanal, un adverbio que con esa -*n* analógica (consolidada en otras voces, como *según*) ha acabado sintiéndose como vulgarismo (algo similar ha ocurrido a *ansina*, *asina* o *ansí*).

En el lenguaje publicitario se obtiene una renovada fuerza comunicativa con la continua explotación de la recontextualización semántica de ciertas expresiones, como «en las distancias cortas se la *juega*», anuncio de un perfume, donde se ve a un apuesto caballero prácticamente encima de una atractiva señorita, mientras se dispone a impulsar una bola de billar). Pues bien, no muy distintos ni distantes son los usos idiomáticos de «Los Compadres», que remueven lo usual y «normativo» para provocar una sacudida en el receptor, al que obligan a realizar un esfuerzo inferencial adicional.

No se trata de un recurso «facilón», ni siquiera cabe tildarlo de «fácil». Porque no lo es aprovecharlo para establecer una *nueva* conexión significativa entre expresiones de empleo común y corriente. Conseguir que la gente se ría poniendo en boca de unos catetos «naide» o «polígano» no requiere imaginación alguna. Pero lograr despertar expectativas en el lector/oyente, por medio de una simple voz anticuada, requiere no solo saber activar la facultad de imaginar, sino también la capacidad lingüística de sugerir. En realidad, ambas son inseparables.

Tiempo atrás, en «*Así* [no *ansí*] se habla», escrito aparecido en este mismo diario, y que no tenía la menor intención humorística (para lo que no estoy dotado), pretendí hacer ver que ni los acortamientos («mu» por *muy,* «to pa ná» o «no ni ná» en lugar de *todo para nada* y *no ni nada*) ni las deformaciones fonéticas («po» en vez de *pues*), habituales dentro y fuera de Andalucía, tienen por qué ser determinantes en la evaluación de la «calidad» de la conducta lingüística de los usuarios. Lo que resulta decisivo para la cabal captación del sentido es el papel de la prosodia, de manera que la secuencia «¡pueh / tú / vino // bebeh!», que alguien soltó –casi «parándose» tras cada una de las palabras– a un amigo al que el médico acababa de prohibir el alcohol, pasó a convertirse en una dura advertencia.

Por eso, entre otras razones, no hay que limitarse a *leer* estas «audiovisuales» viñetas de «Los Compadres», también hay que *oír*las.

2025
Peso y pesadez de la identidad andaluza

Como por «arte de birlibirloque» (sí, ya sé que no hay magia alguna en ello), entran, sin solicitud previa alguna, en mi correo electrónico casi a diario escritos muy diversos sobre las hablas andaluzas, y en el título de bastantes de ellos figura el sustantivo *identidad*. Supongo que la «invasión» algo tiene que ver con la publicación, bajo mi coordinación, de las casi 400 páginas de *La identidad lingüística de Andalucía* (2009), pero en mi «descargo» diré que titulé el primer epígrafe de la presentación «La imposible definición de *identidad*», y que en el segundo, sobre la «identidad *lingüística*», comienzo advirtiendo que las complicaciones se multiplican.

Aunque es habitual recurrir al paraguas de lo «cultural», donde casi todo cabe, cualquier identidad colectiva se va conformando «frente a» la de (los) otros («Yo soy lo que tú no eres: la alteridad en la definición de la identidad andaluza», así se titula uno de esos trabajos que se «cuelan» sin avisar), sin que sea preciso llegar a odiar o sentir aversión por algo concreto de lo ajeno, basta hacer que sirva de frontón con el que chocar.

Hay quien –de un modo simplista– juzga la identidad de los andaluces «peligrosamente dual», por la tendencia a acentuar el distanciamiento entre lo *culto* y lo *popular*, lo cual podría conducir a un [nuevo] enfrentamiento social. Y otros, como el autor de «Pensar Andalucía: la identidad andaluza desde el pensamiento complejo», tras recordarnos que en el *Diccionario* académico la «complejidad» se vincula con la confusión, el desorden, lo enmarañado..., se decide por la conocida triple distinción formulada por M. Castells, para llegar a la conclusión de que el proceso en Andalucía es contradictorio: arranca como *resistencia* (lucha contra la marginación y la estigmatización), se va transformando en *legitimadora*, pero no acaba de convertirse en *proyecto común*. De ahí que hable de una «multiidentidad» en la que «el todo es mucho más que la suma de las partes, y estas son mucho más que partes del todo». Frase ocurrente que, siendo verdad, nos deja donde y como estábamos, pues la coincidencia en reconocer una identidad «múltiple» y «muy compleja» es (casi) general.

Pese a que los usos idiomáticos peculiares constituyen, según algunos, la primera (la segunda, para los que anteponen el flamenco y la copla) seña de identidad andaluza, el «peso» identitario que se les suele asignar es nulo o muy escaso.

Al cumplirse cien años de la «Teoría de Andalucía» de J. Ortega y Gasset, la *Revista de Occidente*, que él impulsó, dedicó un número especial a una «*Nueva* teoría de Andalucía». Dado que, al igual que el gran filósofo español, ninguno de los colaboradores en este número ha considerado necesario contar con la forma de hablar (español) de los andaluces para formularla, el coordinador me invitó a añadir unas páginas sobre ello. No van a encontrar en ellas ninguna idea deslumbrante ni original, pero sí la insistencia, de forma *pesada* y hasta machacona, en que la identidad lingüística de los andaluces ha de dejar de asentarse en su contraposición a las modalidades del español del Norte y Centro de la Península, apenas un 5 % de hispanohablantes. Es algo que ha ido cayendo por su propio «peso», a medida que se ha ido extendiendo y consolidando el convencimiento de que las *hablas andaluzas* no pueden seguir observándose y evaluándose «al margen» de los más de 500 millones que viven en Canarias e Hispanoamérica.

Claro que el español que hablan los andaluces –lo mismo cabe decir del hablado por los cubanos, mexicanos, o por los castellanos, aragoneses...– tiene peculiaridades fonéticas (con notables divergencias internas), alguna que otra singularidad léxica o fraseológica y, sobre todo, una prosodia (tampoco homogénea) que determina el sentido de no pocos de los enunciados en el coloquio conversacional. Y que con todo ello tiene que ver la «gracia» (o gracejo) que se les atribuye, por más que no sea, ni mucho menos, general en Andalucía, y no sean los andaluces sus dueños en exclusiva.

No cesan las campañas y *Observatorios* que continuamente ponen en marcha las instituciones públicas y organismos privados, para «dignificar» o «redignificar» el *andaluz*, lo que revela la creencia de que siempre ha carecido de «dignidad» o que en algún momento (¿cuándo?) la ha perdido y es necesaria su recuperación. Ni lo uno ni lo otro. Hablantes con *sentimiento* (que no *complejo*) de *inferioridad* lingüística los hay en todas partes, y ya no se puede decir que en Andalucía «en mayor proporción». En todo caso, su superación no se va a lograr porque, desde instancias «externas», se «pongan en valor» y defiendan a bombo y platillo hasta usos cuya falta de prestigio reconocen incluso los que los practican. ¿Cómo explicar, si no, el descenso del *ceceo*, que disminuya el número de los que «abandonan» la pronunciación «arcarde», etc.?

Y es que la *identidad* «lingüística», como la que no tiene adjetivo alguno, no se impone, sino que se va configurando paulatina e históricamente. Y de nada vale deformar la historia o la situación real actual. El término *cultura*, al que suele vincularse, también de muy difícil definición, aunque en su origen se asociara al «cultivo» de la tierra, progresivamente se ha ido «desterritorializando» y «deslocalizando», debido a la globalización creciente, al crecimiento exponencial de los movimientos migratorios, a la extraordinaria capacidad de irradiación de las nuevas tecnologías y redes sociales... No, la dirección por la que se encaminan los hablantes de Andalucía, una de las regiones más abiertas y menos «conservadoras» del ancho mundo que habla español, no se va a torcer porque algunos se empeñen («porque sí» y a «contracorriente») en «reevaluar» lo que entienden forma parte de la esencia de su «identidad».

2025
Comenzando a ser diacronía

Con el (loable) propósito de «construir un puente generacional con los jóvenes colegas», dos profesores de la Universidad de Valencia han publicado las *Once historias del español reciente*, unas «biografías lingüísticas» que les hemos proporcionado nueve catedráticos y dos catedráticas que, al haber nacido a mediados del siglo pasado, «disfrutamos» ya de la jubilación. Casi todos somos «de pueblo» (de Zamora, Soria, Asturias, Extremadura, Tenerife), e incluso hay uno con antepasados de una aldea de Covarrubias («cuna de Castilla», recuerda) y de Ibieca (comarca de La Hoya, Huesca). De los tres andaluces, uno ha vivido en la localidad gaditana de Olvera, en Jaén y en Granada, ciudad de la que es natural; otro ha nacido y pasado toda la etapa escolar en Osuna (Sevilla), y, tras estudiar y empezar su carrera profesional en la UCM de Madrid, regresó a la Universidad de Sevilla; y un servidor, natural de Aguadulce, a media docena de kilómetros de esa «Villa Ducal», aunque mi infancia y adolescencia transcurrieron en otros pueblos de la misma provincia sevillana y en Martos (Jaén), y, tras pasar por la Universidad de Granada y –ya como profesor– por la Autónoma de Madrid, la de Extremadura y la de Córdoba, regresé a la Hispalense, en la que había iniciado los estudios universitarios.

No, no voy a contar la «vida» de ninguno, ni siquiera a desvelar sus nombres. Si alguien siente la curiosidad de entrar en «detalles», al libro se puede acceder libremente.

Quiero fijarme solo en algo que puede ayudar a entender (y desterrar) el mal denominado «complejo de inferioridad» que se atribuye a «los» andaluces. Cuenta el de la comarca zamorana de Sayago (lamenta que «sayagués» se defina en el *Diccionario* académico como 'habla rústica', propia de gente 'tosca y grosera') que un día, su abuela, al ver que se disponía a salir a la calle con una prima, les aconsejó que, si llovía, «nos agarimáramos embajo un sopallo hasta que estinara», de todo lo cual –dice– solo entendió «un» y «hasta que». El asturiano recuerda las largas caminatas que, calzados con «madreñes» o «chanclos», tenían que hacer los hombres que trabajaban en la mina para llegar al «pozu», mientras otros recogían «fabes, arveyos y patates», lo que me hizo recordar que, a mil kilómetros del Principado, en la localidad sevillana de Estepa, descubrí, a los siete años, que mis «peceta» del cercano pueblo Martín de la Jara, donde había vivido hasta entonces, allí eran «pesete». Episodios similares se encuentran en los relatos de los demás.

Habituado, como andaluz «occidental», a oír a hablantes que jamás emplean *vosotros* (*¿uhtede se vai a í o se quedái?*), me llama la atención que una de las pocas que no ha nacido en un pueblo, sino en San Sebastián, destaque que en el País Vasco casi está desapareciendo el singular *usted*, hasta el punto de que los «jóvenes universitarios confiesan abiertamente no saber emplear con corrección las formas verbales correspondientes a tal pronombre de cortesía».

Hay algo en lo que los tres de Andalucía nos apartamos algo de la senda seguida por los demás. A pesar de que a las palabras están dedicados cinco de los seis volúmenes del *Atlas lingüístico de Andalucía* –llevado a cabo por el aragonés M. Alvar y el salmantino A. Llorente– y de que, además de contar con las 850 páginas del *Tesoro léxico de las hablas andaluzas*, coordinado por el hijo del primero, abundan los vocabularios regionales, comarcales y locales, hemos optado (sin habernos puesto de acuerdo) por fijar la atención inicialmente en aquellos rasgos de pronunciación que más «saltan al oído», eso sí, sin detenernos mucho en lo que suele pasar (casi) inadvertido, por ejemplo, las diferentes realizaciones de la /s/ y de la /z/. El granadino habla de que sus padres eran «esencialmente *seseantes*, aunque con algunos ecos de distinción» [*sic*], alude a la abertura de las vocales finales (*lOh nenE*), a la no pronunciación o «aspiración» de la /-s/ implosiva (*lah cáhcara*), la realización también como «aspirada» de la /j/ (*loh cahone de madera*)…, todo lo cual ha ido estudiando en los sitios por donde ha pasado (Granada, Guadix, Jaén). El ursaonense, si bien no olvida el «choque» que le produjo que sus *picos* –o *piquitos*– de pan fueran en Madrid *colines* (lo que califica de «cursilada tremenda»), señala que fue *seseante*, a diferencia de los «de campo» («los más brutos»), que *ceceaban* o *heheaban*, y hace observaciones sociofonéticas sobre el mayoritario *seseo* femenino, la conversión de -*l* en -*r* (*arcarde*), la consideración de «finolis, cursis y descastados» de los emigrantes (*loh catalane*) que regresaban «reponiendo» las -*s* finales, etc. Por mi parte, aunque he procurado no vincular el recorrido biográfico a concretos hábitos articulatorios, me ha parecido oportuno indicar que, tras pasar, en la misma provincia (Sevilla), por ambos tipos de igualación –*ceceo* (Martín de la Jara) y *seseo* (Estepa)–, terminé –antes de salir de Andalucía– distinguiendo en la pronunciación *sesión* y *cesión*.

Ya sé que esto es «descubrir el Mediterráneo», pero a nadie se le pasa destacar que, en situaciones más o menos formales (la docencia en clase es una de ellas), todos, andaluces o no, tendemos –en mayor o menor grado– a limar y atenuar lo excesivamente «marcado» y a despojarnos de lo que tiene escaso prestigio o puede resultar «chirriante» a los receptores.

No confío mucho en que las experiencias de quienes estamos «comenzando a ser diacronía» (uno de los ejes propuestos por los coordinadores de la obra) vayan a servir de «puente» generacional, pero, si contribuyen a reforzar la solidaridad y camaradería en el ámbito universitario, la iniciativa está más que justificada.

2025

Palabras nuestras

En la XXIX Cumbre Iberoamericana, celebrada no hace tanto en la ciudad ecuatoriana de Cuenca, Felipe VI animó a «centrarse en lo que nos une, por encima de las discrepancias». Quizás no se atrevió a agregar «empezando por la lengua», porque el español no es la única, ya que, además del portugués, se hablan en aquel continente otras muchas, y por las no pocas diferencias que el español presenta, no solo entre zonas muy distantes –desde la Patagonia al sur de los EEUU– o no tanto –entre Valladolid y Cádiz–, sino al pasar de un pueblo a otro situado a apenas diez kilómetros.

He empezado por este «exordio», innecesario, porque he recibido el *Diccionario del habla de Olivares*, de T. Vélez López (profesor de Lengua española), que viene a sumarse a la larga lista de obras –muy desiguales en casi todos los aspectos– en que se recogen las (que se cree son) peculiaridades léxicas de una comarca o localidad. Lo que pasa es que, para mí, no es «una más», pues en ese pueblo del Aljarafe sevillano pasé largas temporadas, y sobre su habla versó mi primer trabajo de investigación, hace bastante más de medio siglo.

Siempre he loado esta labor de recopilación, una afición que, como la cinegética, acaba convirtiéndose a menudo en pasión. Incluso he llegado a prologar algunos «Vocabularios», como el *de los Pedroches*, de J. Pizarro (1988). Pero, al toparme con este inventario de cerca de 3000 (!) «palabras y expresiones del habla popular exclusivas [*sic*] de Olivares o de su comarca que no se hallan en los diccionarios», vuelven viejas y recurrentes reflexiones. No es verdad, ni mucho menos, que sean «exclusivas» de cada uno de los municipios de Andalucía tantas voces o acepciones como las recogidas en los respectivos inventarios, y sí lo es que la casi totalidad de los andaluces ignoran (ignoramos) gran parte de los miles que figuran en el *Tesoro léxico de las hablas andaluzas*, de M. Alvar Ezquerra. En este caso concreto, la mayoría de los términos son conocidos igualmente fuera de Olivares (*cáscara, raspa, calzón, descote, alfiler, simplote, noblote, esaborío, redicho, vaina, cascarrabias, cañizo*...), incluidos los que son simples deformaciones fonéticas (*biergo, guisopo, presinarse, vigen*...), que abundan.

Y no es solo eso. Cuesta entender que la locución *cont[r]i má* sea [en Olivares] «incorrecta, y equivale al familiar 'contra más', es decir, 'mientras (o cuanto) más'», y, en cambio, para I. y P. Lobato González, también filólogas, autoras del *Andalusian Dictionary* –que la transcriben como /*contrimâ*/ y dicen que se oye en toda Andalucía (y fuera de la región, habría que añadir)– constituya «our favourite type of terms, those that show the Andalusian efficiency».

No sirve de mucho asignar –a modo de «escudo» restrictivo– carácter «popular» a gran parte de lo que se va acumulando, pues tal adjetivo es tan utilizado (incluso forma parte de la denominación de un partido político) como mal definido. Porque lo que más interesa a todo aquel que se acerca a consultar cualquier vocabulario regional, comarcal o local es saber si son muchos o pocos –y cuándo– los que usan cada una de las expresiones, si algunos o bastantes –al tomar conciencia de que «chirrían» en cuanto salen de su estrecho círculo en que pueden ser comprendidas– dejan de usarlas, etc.

Tras el listado alfabético, T. Vélez las distribuye por parcelas de la realidad, sin que sea ninguna sorpresa que bastante más del 90 % del total corresponda a los ámbitos de plantas y animales, agricultura y ganadería, cuerpo humano, alimentación y vestimenta.

Entre las numerosas cuñas que, sin saber por qué, en mi ordenador se «cuelan» continuamente, abundan aquellas en que –en la mayoría de los casos, jocosamente– se hace «propaganda» de «andalucismos» típicos, bastantes de ellos «previsibles» (*encartar, pejiguera, chumino, lacio, pechá* o *jartá, arresío, capillita…*) y otros simples acortamientos o alteraciones (*no ni ná, follaíto vivo, fitetú…*), que son propuestos casi como «banderas».

Pretender convertir la «defensa» a ultranza de un léxico tenido por «propio», para «dignificar» al «marginado» andaluz a costa del común al español, acaba siendo suicida, porque la riqueza léxica de los hablantes no se mide por esas pocas palabras («populares» o no) que únicamente se emplean en el reducido territorio en que pueden ser descifradas, sino por las muchísimas que comparten con todos o un amplio número de hispanohablantes. Ninguna es mejor ni peor que otra, pero, desde luego, el radio de acción de las segundas es mucho más abarcador.

Que sea encomiable tratar de impedir que caigan en el olvido vocablos hasta no hace mucho vivos no implica llorar por la desaparición de los ya innecesarios y que no se echan de menos.

Cuesta a algunos de los recopiladores de palabras cambiar de actitud. Con ocasión de la celebración en Cádiz (2023) del IX Congreso Internacional de la Lengua Española, el Ayuntamiento de la ciudad nos obsequió a los participantes con un ejemplar de *Espabílate, que estás en Cádiz* (1857), de A. de Castro y Rossi, subtitulado *Diccionario de voces gaditanas*, por más que bastantes de ellas (*ajetreo, naranjas de la China...*) son de uso general. No sé por qué el verbo *espabilar* figura en el interior y en la contraportada escrito con {v}, como si los gaditanos pronunciaran [espavílate], con tal consonante labiodental, y de ese modo lograran mejor que otros «andar [más] listos» que los demás. En lo que no hay sorpresas es en que la mayoría de las voces pertenecen a los ámbitos de las plantas, los animales, la agricultura, la ganadería, la alimentación, los juegos, el cuerpo humano y formas de vestirse.

Se terminó de imprimir este libro
el día 28 de febrero de 2026,
Día de Andalucía,
en los talleres gráficos
de Podiprint